KB091506

뮤직 브랜딩 전략 ✹

고객을 팬으로 만드는 감성 마케팅

뮤직 브랜딩 전략✳

고객을 팬으로 만드는 감성 마케팅

제이콥 루젠스키 지음 | inmD 옮김

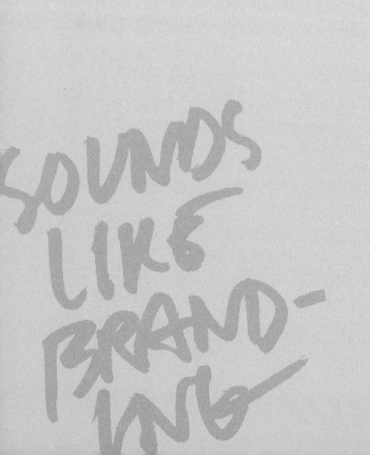

음악과 브랜딩을 주제로 한 이 책에 19세기 러시아 작가 레오 톨스토이는 다소 어울리지 않는 인물일 수도 있겠다. 하지만 "음악은 감정의 속기법이다."라고 한 그의 명언은 마케팅의 대가들이 왜 음악에 주목하는지 그 이유를 집약적으로 설명해 준다.

나는 비즈니스 분야에서 감성을 매우 중요한 요소로 본다. 이성은 결론에 이르게 하지만 감정은 행동을 유발한다. 나는 음악이 인간과 인간을 연결하는 가장 강력한 끈 중 하나라고 믿는다. 세상에서 음악처럼 근사한 분위기를 만들어 주는 것은 (아마도 조말론Jo Malone 향초밖에는) 없다. 우리는 음악을 통해 모든 시간대(Everywhen: 호주 원주민들이 말하는 과거, 현재, 미래가 연결되는 곳) 속으로 빨려 들어간다. 음악은 그림보다 더 빠르고 문학보다 더 깊숙이 우리를 시간 속 여행으로 이끈다.

음악은 우리가 사는 모든 곳에 존재하며 우리 문화 곳곳에 아로새겨져 있다. 1965년, 16세 소년이던 나는 랭커스터에 살고 있었는데, 당시는 비틀스The Beatles, 더후The Who, 버즈The Byrds, 밥 딜런Bob Dylan, 레너드 코헨Leonard Cohen 등이 막 등장하던 시기였다. 얼마 후 런던으로 이사하게 된 나는 60년대 음악 전성기의 후반을 그곳에서 경험했다. 그 화려했던 시절에 성인으로 성장해가며 나는 음악 그리고 음악과 사람 간의 관계에 대해 이해하게 되었다. 이 시기에 들었던 음악은 지금까지도 나에게 영향을 미치고 있다.

무엇인가를 판매하는 것이 나의 일이다. 하지만 소리를 질러서 물건을 팔던 시대는 막을 내렸다. 현대의 소비자들은 너무도 세련되고 아는 것이 많기 때문에 멋들어진 징글을 틀어댄다고 넘어올 사람들이 아니다. 물론 커뮤니케이션이 상대방에게 전달되려면 일정 수준의 음량과 규모가 필요한 것이 사실이다. 하지만 오늘날 시장에서 더욱 시급한 것은 독창성과 소비자 참여다.

오늘날 마케터들은 단순한 마케팅에서 한발 더 나아가 소비자가 브랜드와 사랑에 빠지게 만들어야 한다. 러브마크Lovemark가 브랜드보다 중요한 이유는 사랑은 저항할 수도, 다른 것으로 대체할 수도 없기 때문이다. 세계 최고의 기술브랜드 애플Apple의 사례를 보라. 음악, 더 넓은 의미의 사운드는 성공을 보장하는 차별화 전략이 될 수 있다(다시 한 번, 애플을 주목하라).

제이콥 루젠스키의 저서『뮤직 브랜딩 전략』은 이 시대 모든 마케터들에게 심오한 통찰을 제공한다. 음악 마케팅 전략은 모든 기업에 꼭 필요하다. 그러나 실제 음악전략을 수립한 회사들은 소수에 불과하다. 이 책은 전략 수립을 위한 구체적인 방법론을 제시한다. 4단계로 이뤄진 이 프로그램은 천국으로 향하는 계단이 되어 줄 것이다.

케빈 로버츠
사치앤사치 월드와이드 CEO

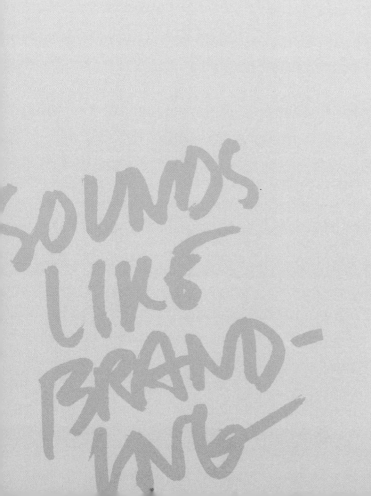

"수학이 전 세계 지성의 공용어라면, 음악은 감성의 공용어다."

– 로버트 슈만, 작곡가

모든 것은 도쿄에서 시작됐다

나는 지금 도쿄의 한 초고층 빌딩 52층에서 식사를 즐기며 점멸하는 도시의 불빛이 만들어내는 장관을 내려다보고 있다. 하지만 나의 이 들뜬 기분은 화려한 불빛 때문이 아니다.

내 몸은 어젯밤 작은 라이브 공연의 흥분과 전율이 채 가시지 않은 상태다. 도쿄 시부야의 스시집 한 편에 임시로 만들어 놓은 클럽에서 나는 200명이 넘는 사람들이 내가 틀어주는 노르딕 뮤직 믹스에 무아지경으로 몰입하여 땀에 젖은 채 몸을 흔드는 모습을 보았다. 밤이 지나고 새벽이 밝아 왔지만 이 광란의 열기는 더해져만 갔고, 음악이 멈춘 후에도 이들의 춤과 손뼉 치는 소리는 그칠 줄 몰랐다. 흔들리는 휴대폰 액정의 희뿌연 불빛만이 칠흑같이 어두운 공간을 밝히고 있었다.

그렇다, 나는 말 그대로 이 음악 때문에 일본에 오게 되었다. 하지만 그날 밤, 음악은 나에게 좀 더 중요한 깨달음을 가져다 주었다. 그것은 우리가 음악이라는 매체를 통해 얼마나 쉽게 인종, 문화, 국적이라는 장벽을 뛰어넘어 하나가 될 수 있는지, 그리고 리듬, 비트, 사운드가 우리 모두의 마음을 감동시켜 가슴을 뛰게 하는 얼마나 놀라운 힘을 갖고 있는지에 대한 깨달음이었다.

식사가 끝나고 나는 동료와 함께 음악이 지닌 이 심오한 힘에 관해 이야기를 나누었다. 대화를 하던 도중 나는 일주일 전 한 마케팅 매니저가 나에게 던진 질문이 떠올랐다.

"우리는 로고(logo)나 그래픽 프로필(graphic profile)을 통해 우리 브랜드가 어떻게 보이는지는 이미 알고 있어요. 하지만 우리 브랜드가 소비자의 귀에는 어떤 소리로 들릴까요?"

그의 질문은 그 때부터 내 머릿속을 떠나지 않았다. 그리고 생각을 하면 할수록 더 많은 질문이 꼬리에 꼬리를 물고 이어졌다.

인간이 음악에 이토록 감응하는 이유는 무엇일까? 어떻게 하면 '소리(sound)'를 상표화(trademark) 할 수 있을까? 내가 DJ로서 턴테이블 뒤에서 수없이 느꼈던 음악의 힘을 어떻게 하면 브랜드에 적용해서 사람들을 끌어들일 수 있을까?

이런 질문들이 머리를 꽉 채운 그 순간, 나는 그 자리에서 DJ와 음반사업은 일단 미뤄두기로 마음 먹었다. 그리고 이 질문들에 대한 해답을 찾는 여정이 시작되었다.

음악은 삶의 필수 요소이며, 때로는 삶의 이유가 된다

음악과 소리가 사라진 세상을 상상해 보라. 리듬과 선율, 화음이 더 이상 존재하지 않는 세상, 모든 사운드 트랙이 꺼진 우리의 삶은 과연 어떤 모습일까? 다행히도 이런 일은 상상 속에서나 가능할 것이다.

우리 인간은 처음부터 음악에 반응하도록 유전자에 각인

되어 태어난다. 인간이 태아 단계에 자궁에서 발달하는 다섯 개의 감각 중 가장 처음 발달하는 것이 청각이다. 임신 18주가 되면 태아는 이미 어머니의 심장 박동 소리를 들을 수 있다. 리듬감 있고 일정한 박동 소리를 통해 태아는 안정감과 소속감을 처음으로 경험하게 된다.

음악은 또한 우리가 감정적으로 하나 되게 하는 힘이 있다. 우리 모두는 음악을 통해 형성되는 이러한 일체감을 여러 번 느껴 본 경험이 있을 것이다. 스포츠 경기에서 누군가가 시작한 구호가 전 관중에 전염되어 함께 외치는 구호와 발 구름으로 이어지기도 하고, 몇 명이 시작한 노래가 수천 군중의 합창으로 확산되기도 한다. 음악이 이토록 중요한 것이기에 우리는 고등학교 행진, 웨딩 마치를 비롯한 인생의 모든 중요한 순간순간마다 음악을 빼놓지 않는다.

연극과 영화만큼 마음을 움직이는 음악의 위력을 가장 단적으로 보여주는 예가 또 있을까? 완벽한 타이밍에 맞춰 흘러나오는 바이올린 선율이 없다면 러브씬이 그만한 감동을 줄 수 있을까? 천둥소리와 같은 드럼 비트가 없다면 속도감 넘치는 자동차 추격씬이 우리의 가슴을 그토록 뛰게 만들 수 있을까? 단언컨대 음악은 감정의 소통이다.

눈에 보이지 않는다

주위를 둘러보라. 우리 사회는 브랜드와 이들이 내세우는 시각적 상표들로 넘쳐난다. 코카콜라와 펩시, 애플과 마이크로소프트, 토요타와 BMW, 구글과 아마존. 오늘날 로고와 상표는 특정 상품이나 서비스를 정의할 뿐 아니라 그것을 사용하는 집단을 일정 수준 규정해 준다. 맥Mac과 PC는 단순한 운영시스템상의 차이를 넘어 이들 사용자가 삶을 바라보는 전혀 다른 관점을 대변한다. 이는 브랜드가 세상을 향해 그리고 어느 정도는 우리 스스로를 향해 자신이 누구인지를 말해 주는 '사회적 지표social markers'이기 때문이다. 우리가 인정하느냐 여부를 떠나 브랜드는 우리 정체성의 일부로 자리잡았다.

광고라면 이제 신물이 난다

매년 2만 개 이상의 신규 브랜드가 출시되지만 이 중 몇 년 이상을 버티는 브랜드는 손에 꼽을 정도에 불과하다. 노력이 부족해서일까? 그렇지 않다. 1970년대 개인이 하루 중 노출되는 광고 메시지는 평균 약 500개였다. 하지만 이 숫자는 오늘날 대략 2,000개로 크게 증가했다. 그러나 광고의 양적 증가가 반드시 상품에 대한 인지도 제고를 의미하는 것은 아니다. 주위에 십대 자녀를 둔 부모에게 물어보라. 아이들의 주의집중 시간은 갈수록 짧아지고 있다.

50년 전 통계를 보면, 사람들은 자신들이 봤던 광고의 약 1/3을 기억했지만, 오늘날 이 비율은 1/10 미만으로 떨어졌다. 단순 계산을 해봐도 나는 65세가 될 때까지 200만 개 이상의 광고를 시청하게 되는 셈이다(이것을 환산하면 하루에 매일 8시간씩 6년 동안 연속해서 1주일 내내 TV 광고를 시청하는 분량이다). 스웨덴 여론조사 전문기관 SIFO의 최근 조사 결과에 따르면 75%의 응답자가 TV, 라디오, 인터넷 등 매체와 상관없이 광고를 기피하는 것으로 나타났는데 바로 이런 현실과 무관하지 않을 것이다.

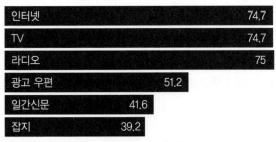

미디어 별 광고 기피율

리모콘을 손에 쥔 사람들, 거칠 것이 없다

과거에는 광고가 보기 싫으면 주방으로 가서 간식이라도 만들며 시간을 때워야 했지만 지금은 더 이상 그럴 필요가 없다. 인터넷 스트리밍, 다운로드 포맷, 티보^{TiVo} 같은 하드디스크 레코

더의 보급으로 광고는 더 이상 필수가 아닌 선택이 되었다. 버튼 하나만 누르면 광고를 보지 않고 원하는 콘텐츠를 바로 볼 수 있게 된 것이다. 이것을 마케터가 막을 방도는 거의 없다.

이 모든 신기술의 등장으로 과거의 마케팅 원칙과 룰은 더 이상 유효하지 않게 되었다. 이제 브랜드 광고에서 단순한 물량 공세로는 눈에 띄는 성과를 거두기 힘들다. 신기술로 무장한 현대 소비자의 주목을 받으려면 이들의 참여를 이끌어내야 하며 무엇보다도 이들을 존중해야 한다.

새롭고 과감한 브랜딩의 세계로

불과 몇십 년 전만 해도 세상은 훨씬 단순했다. 사람들은 주거지, 직장, 종교 등으로 자신의 정체성을 규정했다. 물론 이러한 요소들이 여전히 중요하기는 하다. 하지만 현대인은 자신의 취미, 관심분야, 커뮤니티 활동, 소비라는 형태로 일상에서 이뤄지는 개인적 선택을 통해 자기 정체성을 규정하려는 경향이 점점 더 뚜렷해지고 있다.

인정하든 하지 않든 우리는 자신의 가치와 세계관에 일정 수준 부합하는, "바로 이거야"라고 느끼는 브랜드에 끌리게 된다. 우리는 특정 브랜드를 선택함으로써 세상을 향해, 그리고 자기 자신을 향해 내가 누구이며 무엇을 추구하는지 말하려고 한다. 여러분은 맥인가? PC인가? 여러분은 BMW인가? 폭스바겐인가? 여러분은 롤렉스인가? 타이멕스인가? 이에 대한 답은 옳고 그름이 있을 수 없다. 다만 자신의 정체성에 가장 잘 부합하는 것이 무엇이냐의 문제일 뿐이다. 시장에 더 많은 상품과 서비스가 범람할수록 브랜딩의 중요성은 더욱 더 커진다. 특히 이들 상품과 서비스들 간의 차이가 미미할수록 더욱 그렇다. 믿기지 않는가? 커피를 생각해보라. 다른 때는 지극히 합리적인 사람들이 '자바java'에서는 다른 데의 두 배 가격을 기꺼이 지불하고 커피를 사 간다. 이런 사람들이 수백만에 달한다. 왜일까? 이들이 자바에서 사는 것은 단순한 커피 한 잔이 아니다. 이들은 그 브랜드를 사는 것이며, 그 브랜드가 가지고 있는 모든 긍정적인 연상associations을 함께 사는 것이다.

음악은 삶의 사운드트랙이다

오늘날 우리가 들을 수 있는 음악의 양만을 따져봤을 때, 음악의 홍수라 해도 과언은 아니다. 최신 아이팟iPod은 음악을 4만 곡까지 저장할 수 있다. 이는 1800년대 한 사람이 평생 들을 수 있었던 음악의 양보다 많다. 어떤 사람들은 아이팟과 헤드폰을 꼽지 않고는 집을 나서지 않을 정도로 음악은 의복만큼이나 삶의 필수항목으로 자리잡았다. 밀워드브라운Millward Brown의 최근 연구결과에 따르면 현대인은 평균 6개의 서로 다른 매체를 통해 음악을 듣는다. 또한 18~24세 사이 젊은이들의 80%가 매일 음악을 적극적으로 청취한다. 음악이 이토록 중요한 이유는 무엇일까? 연구에 따르면 우리는 자신이 원하는 감정적 상태나 분위기에 도달하기 위해 음악을 이용한다고 한다. 헬스클럽에서 기운을 북돋우기 위해, 출퇴근 길 머리를 식히기 위해, 혹은 비 오는 오후 잠시 추억에 잠기기 위해. 세상에서 음악처럼 우리의 기분과 정서를 전환시켜 주는 것은 없다. 여기에는 별도의 처방전도 필요 없다.

고객을 팬으로 만드는 감성 마케팅

경영학 강의를 들어본 사람이면 누구나 '마케팅의 4P'를 들어보았을 것이다. 이 모델은 성공적인 마케팅 캠페인의 핵심 요소로 제품product, 가격price, 유통placement, 판촉promotion을 꼽는다. '4P'가 전통적인 마케팅 시장에서 매우 유용했던 것은 분명하다. 하지만 신기술에 정통할 뿐 아니라 광고라면 몸서리를 치는 오늘날의 소비자 행태를 감안할 때 전통적인 마케팅 원칙은 이제 수정이 필요한 것 같다.

왜냐하면 전통적인 마케팅 모델들이 아직까지 유용하기는 하지만, 현대 소비자들이 얼마나 복잡한 존재인가를 제대로 반영하지 못하고 있기 때문이다. 오늘날 진정한 성공을 꿈꾸는 브랜드들은 좀 더 친밀하고 다차원적 방식으로 소비자 개개인의 참여를 이끌어내야 한다. 즉, 4P에서 4E―감성emotion, 경험experience, 참여engagement, 차별화exclusivity―로의 전환이 필요하다. 뮤직 브랜딩music branding의 본질적 요소인 이 4E가 완벽한 조합을 이룰 때 음악은 강력한 마케팅 툴로 거듭나게 된다.

이유는 간단하다. 음악을 통한 소통은 진정한 감정의 소통을 일으킨다. 음악을 통해 사람들은 대화에 몰입하게 되고 기억에 남을 만한 경험을 하게 된다. 이러한 원리로 회사는 음악이라는 툴을 사용해 청중audience의 마음 속에 독점적인 자리를 구축할 수 있다. 뮤직 브랜딩이라는 새로운 마케팅 방식에서 중요한 것은 소비자가 무엇을 보느냐가 아니다. 그보다는 무엇을 듣고, 느끼고, 경험하느냐이다.

뮤직 브랜딩은 단순히 TV광고에 삽입할 음악을 선택하는 것이 아니다. 뮤직 브랜딩은 여러분의 브랜드가 소비자 귀에 어떤 소리로 들릴 것인지, 커뮤니케이션 목표를 달성하기 위해 음악이라는 문화를 어떻게 전략적으로 접속할 것인지를 결정하는 일이다. 그저 더 많은 소비자를 확보하는 것만으로는 부족하다. 오늘날처럼 변덕스러운 시장 상황에서 여러분은 고객을 팬으로 만들어야 한다. 그것이 이 책의 유일한 목적이다.

도쿄에서부터 오늘까지, 하트비츠 스토리

내 인생을 송두리째 바꾸어 놓은 도쿄에서의 그날 밤 이후, 6년의 세월이 흘렀다. 바로 그 날밤 내가 설립한 뮤직 브랜딩 회사 하트비츠인터내셔널Heartbeats International이 태동했다. 브랜딩, 커뮤니케이션, 음악 분야의 국제전문가들과 함께 우리는 음악의 힘을 빌어 브랜드들이 고객과 연결될 수 있도록 돕고 있다.

이 책에서 우리는 뮤직 브랜딩의 역사를 살펴 볼 것이다. 하지만 더 중요한 것은 뮤직 브랜딩의 미래가 어떻게 펼쳐질 것인지에 관한 부분이다. 지나온 여정에서 내가 수많은 개인 그리고 회사들과 나눴던 대화와 거기에서 얻은 통찰과 교훈을 여러분과 나누게 될 것이다. 그리고 뮤직 브랜딩 전략 수립 과정의 도전과제들과 성공사례들을 함께 살펴 볼 것이다. 이와 함께 고객의 심금을 울리는 성공적인 뮤직 브랜딩 절차를 계획하는 데에 유용한 지침과 모델도 함께 제공할 것이다.

그렇다, 이 책은 뮤직 브랜딩에 관한 책이다. 하지만 내 인생의 이야기이기도 하다. 다음 장부터 펼쳐질 베이징 최대규모의 클럽에서 베를린의 허름한 뒷골목을 거쳐, 고요 속 명상을 가르쳐준 도쿄로 돌아오는 흥미진진한 여정에 여러분을 초대한다.

앨범 1

음악: 삶의 리듬

"음계가 바뀔 때 그것을 둘러싼 상태의 물리적 법칙도 함께 바뀐다."

– 아리스토텔레스

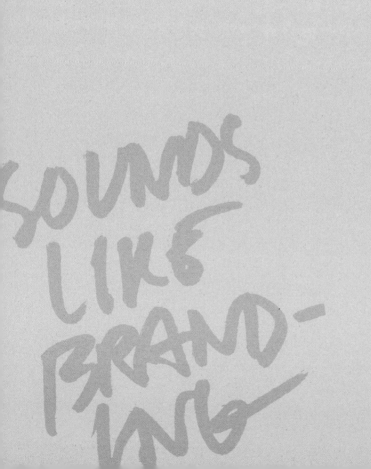

SOUNDS LIKE BRAND-ING

시작: 베이징, 턴테이블 뒤에서

베이징 중심가의 한 클럽, 시계 바늘은 새벽 두 시를 가리키건만 무대를 가득 채운 사람들은 떠날 줄을 모른다. 음악 비트에 맞춰 번쩍이는 스트로보스코프 섬광으로 클럽 안은 흠뻑 달아오른다. 나는 가방에서 준비한 LP판을 꺼내어 턴테이블에 올린다. DJ가 믹스할 새로운 트랙에 대한 기대감이 사람들 사이에 고조되는 것을 느낀다. 다음 순간 어떤 음악이 우리를 전율하게 할 것인가?

내 손가락은 수많은 스위치와 다이얼을 비틀고 돌리며 믹서 위를 날아다닌다. 그리고 아무도 예상치 않은 그 순간, 꽈광! 거대한 서브우퍼에서 폭발하듯 뿜어 나오는 비트가 클럽 전체를 뒤흔든다. 환호성과 비명이 터져 나오고, 치켜 든 팔들은 미친 듯 허공을 찌른다. 이 순간, 음악에 몸을 내어 맡긴 사람들은 머리카락까지 땀에 범벅이 된 채 몸부림친다. 나는 이 밤 턴테이블 뒤에 서서 음악의 진정한 위력에 다시 한 번 전율한다.

트랙 1. 삶 속에서 음악의 역할

심장 박동 하나로 시작한 우리 삶은 심장 박동 하나로 그 끝을 맺는다. 마치 인생의 메트로놈처럼 심장 박동의 규칙적인 리듬은 우리 내면의 비트를 만들어낸다. 리듬은 모든 음악의 기초다. 음악은 우리 인생 여정에 함께하며 평생토록 간직하게 될 가족, 친구와의 추억을 만들어낸다. 우리가 누구든, 어디에서 왔든 상관없이 음악은 동일하게 작용한다.

음악의 역사는 인간 소통의 역사이기도 하다. 인류가 생긴 이래, 음악은 종교에서부터 스포츠, 정치, 철학에 이르기까지 사실상 모든 형식의 인간 상호작용interaction에 사용되어 왔다. 샤먼이 신들린 상태에 이르기 위해 두드렸던 반복적인 드럼 소리에서부터 복음성가를 부르는 교회 성가대 합창, 팀을 응원하는 열광적인 구호, 애국심과 자긍심 고취를 위해 부르는 국가(國歌)에 이르기까지. 음악을 통해 우리는 내면의 정서를 바깥 세상에 표현한다.

수세기 동안, 철학자들은 음악의 속성이 사람에 미치는 심오한 영향에 대해 고찰했다. 독일 사상가 아르투르 쇼펜하우어는 자신이 인간 내면에 있는 '갈망craving'이라 표현한 인간 '의지' 그 자체를 음악이 형상화한다고 믿었다. 플라토는 음악을 인간 이성에 위험한 것으로 여겨 규제의 대상으로 보았고, 필요하다면 국가가 통제해야 한다고까지 주장했다.

음악이 인간의 의식, 생각, 감정에 미치는 영향력은 지금도 여전히 강력하다. 이 책의 출간 시점을 기준으로, 음악은 인류가 보유한 타임머신에 가장 근접한 것이라 할 수 있다. 우리 모두는 어떤 노래를 통해 인생에서 지나온 과거의 한 시점과 장소로 의식이 이동하는 경험을 해본 적이 있을 것이다. 때로는 스스로 의식하지도 못한 채 어떤 리듬에 따라 발바닥으로 박자를 맞추고 있기도 한다.

음악은 사람들을 대화하게 한다

1980년대에 십대를 보낸 사람이라면 누구나 친구에게 줄 믹스 테이프를 만드느라 밤을 샌 경험이 있을 것이다. 90년대에 들어서 우리는 오디오 테이프 대신 CD를 굽기 시작했다. 현재 우리는 대부분 그루브샤크Grooveshark, 라스트에프엠Last.fm, 스포티파이Spotify 등 뮤직 서비스를 통해 플레이리스트를 공유한다. 비록 매체가 바뀌고 기술은 더 발전했지만 음악의 사회적 효과는 과거와 동일하다.

캠브릿지대학의 피터 J 렌트프로우 교수와 텍사스대학의 새뮤엘 D 고슬링 교수의 실험 결과가 이를 입증한다. 연구자들은 생면부지의 많은 젊은이들을 한 공간에 모아 놓고 그들의 대화를 녹음했다. 분석 결과, 이들이 편하게 나눈 첫 번째 대화 주제 중 하나가 음악이었다.

음악이 가진 이러한 사회적 힘은 인터넷이라는 매체를 통해 기하급수적으로 확산되었다. 현재 가장 인기 있는 마이스페이스MySpace, 아이튠스iTunes, 라스트에프엠, 냅스터Napster 등의 SNS 사이트가 음악을 중심으로 시작됐다는 것은 그다지 놀랄 일이 아니다. 불법 파일공유 사이트인 파이어럿 베이Pirate Bay는 사용자수가 2천만이 넘는다. 스웨덴의 최근 연구결과에 따르면 음악 다운로드가 12~35세 사이 젊은이들이 가장 즐기는 활동 중 하나로 꼽혔다. 더욱 주목할 것은, 16~17세 청소년의 3분의 1, 18세 전체 청소년의 40%가 음악을 매일 듣거나 다운로드 하는 것으로 나타났다.

음악은 정체성을 만든다

그렇다면 음악이 특히 청소년 사이에서 이토록 큰 사회적 힘을 발휘하는 이유는 무엇인가? 그것은 아마도 음악이 우리의 정체성과 자아상에 매우 밀접한 관련이 있기 때문일 것이다. 렌트프로우 교수와 고슬링 교수의 또 다른 연구에서, 사람들은 영화, 책, 심지어 옷보다도 음악 취향이 자신이 '진정'

누구인가를 더 잘 보여준다고 답했다. 우리가 듣는 음악은 세상을 향해 우리 자신의 정체성과 신념을 보여주는 '사회적 지표' 구실을 한다. 지난 50년간 등장했던 모든 의미심장한 하위문화가 음악을 중심으로 형성되었다는 것은 새삼 놀랄 일이 아니다. 1960년대 '모즈mods'와 히피, 70년대 펑크 운동punk movement, 80년대 '메탈헤즈metalheads' 그리고 1990년대는 옷장에 넘쳐났던 플란넬 셔츠와 함께 그런지 록grunge rock과 인디 록indie rock을 선사했다.

개인적으로 나는 15세 되던 해 음악과 그룹 정체성이란 것을 처음 경험했다. 고등학교 첫 등교일, 소닉 유스Sonic Youth 티셔츠를 입고 교실에 들어선 지 채 몇 분도 안되어 나는 교내 소위 '창의적인creative' 파의 일원으로 받아들여졌다(그 결과 다른 아이들에게는 당연히 왕따를 당했다). 내가 입은 록 티셔츠는 내가 동일한 가치관과 태도를 공유하는 집단의 일원임을 확인시켜줬고, 나는 그 티셔츠를 입을 때마다 자부심을 느꼈다.

이와 유사한 방식으로 디지털 세계는 훨씬 더 큰 무대에서 우리가 정체성을 공유하고 강화할 수 있는 플랫폼을 제공해주고 있다. 마이스페이스, 페이스북Facebook, 트위터Twitter, 개인 블로그들은 우리가 누구인지, 어떤 존재로 인식되고 싶은지를 표현할 수 있는 소셜 허브social hub를 제공한다. 음악은 이 과정에서 중요한 역할을 수행한다. 영국 엔터테인먼트미디어리서치 Entertainment Media Research의 연구에 따르면 젊은이들이 이러한 사이트를 방문하는 주요 이유 중 하나가 음악이며, 이들 중 40%는 자신의 개인 프로필에 음악을 깔아 놓았다고 응답했다. 온라인 데이트 사이트 10개 중 9개 사이트의 회원 설문지에 음악 취향을 묻는 문항이 포함되어 있다. 사랑에 눈이 멀 수는 있으나 귀가 먹을 수는 없는 것인가 보다.

✦ 음악과 성격의 상관관계

영국 에딘버러 헤리어트와트대학 심리학교수인 아드리안 노스는 음악과 음악이 정체성에 미치는 영향을 단적으로 보여주는 연구 결과를 발표했다. 노스 교수는 전 세계 3만 5천 명을 대상으로 자신들이 좋아하는 음악 스타일과 장르에 대한 설문조사를 실시했다. 또 동일한 대상에 표준화된 성격 테스트를 실시했다. 두 설문지 점수를 비교한 연구원들은 음악 스타일과 성격 유형 간에 분명한 상관관계가 있음을 발견했다. 재즈와 클래식 음악을 듣는 사람들은 창의적이며 자존감이 높은 것으로 나타났으며, 재즈 팬들은 클래식 팬들보다 더 외향적이고 사교적인 것으로 드러났다. 심포니 연주 중 손가락으로 딱딱 소리를 내면 왜 사람들이 인상을 쓰는지 이해가 되는 대목이다.

트랙 2. 음악의 구성 요소

우리의 인지 여부를 떠나 우리는 하루 24시간, 일주일 내내 무엇인가를 듣는다. 청각은 우리가 원하는 대로 껐다 켰다 할 수 있는 감각이 아니다. 시각과는 달리 다른 곳을 본다고 해서 들리는 것을 완전히 피할 수는 없다. 청각이라는 것은 놀라울 정도로 끊김이 없는seamless 프로세스다. 이 청각이라는 것을 좀 더 전문적인 용어로 살펴보자.

　우리가 무엇인가를 들을 때, 귀는 공기 중의 음파를 감지하고 그 음파는 고막을 진동시킨다. 중이에 있는 이소골은 그 진동을 기계적인 진동으로 바꿔주고, 이 진동은 내이를 따라 이동하며 유체를 움직이게 한다. 유체의 움직임은 2만 4천 개의 신경세포로 하여금 음파를 전기적 펄스형태로 변환한 뒤 뇌로 보내어 비로소 소리로 해석되는 것이다. 하지만 청각이라는 것은 단순한 기계적인 과정이 아닌 감정을 수반하는 과정이기도 하다.

　물론 청각은 즐거움만을 위한 것은 아니다. 많은 과학자들은 청각이 잠재적 위험에 대비한 경보 시스템으로서 진화해 왔다고 믿는다. 우리는 동물의 왕국에서 동물들이 특별한 소리를 사용해 포식자의 등장을 경고하기도 하고 짝짓기 계절의 시작을 알리기도 하며 심지어 자신의 영역을 표시 하는 것을 볼 수 있다.

엄밀히 말하면 소리는 공기 중에 이동하는 비가시적인 파동 또는 진동이다. 인간이 감지할 수 있는 주파수 대역은 20~20,000헤르츠(Hz) 사이다. 심지어 청각장애자라 할지라도 촉각을 통해 소리의 진동을 감지할 수 있다. 이는 순수한 물리적인 경험이다. 루드비히 반 베토벤이 그 유명한 9번 교향곡을 작곡할 당시 그는 청력을 거의 완전히 잃은 상태였다. 음악계 전설에 따르면 베토벤은 피아노를 치고 그의 턱을 타고 전달되는 소리의 진동으로 그 음을 '들었다'고 한다.

기분 나쁘게 들릴 수 있겠으나 이 책을 읽는 대다수 독자들은 고주파 음역을 들을 수 있는 능력을 이미 상실했을 것이다. '모기' 알람을 예로 들어보자. 이 알람이 내보내는 고주파 음파는 25세 이하에게만 들린다. 일부 상점 주인들은 청소년들이 상점 밖에서 어슬렁거리는 것을 차단하기 위해 이 알람을 사용한다고 한다(위키피디아에 따르면 이 알람이 영국에서만 3천 개 이상 판매되었다고 한다). 어떤 똑똑한 사업가들은 이 기술을 사용해서 부모나 교사가 들을 수도 없는 소리로 수신 전화를 알려주는 '틴 버즈Teen Buzz'라는 휴대폰 시그널을 출시했다.

앨범 1

음악의 정의

우리는 이제 청각의 원리와 소리가 무엇인지에 대해 좀 더 잘 이해하게 되었다. 그럼 지금부터 음악의 개념에 대해 이야기 해보자. 엄밀히 말해 음악은 박자, 선율, 화성, 강약, 그리고 때로는 텍스트라는 요소로 구성된다. '뮤직music'이라는 단어는 아홉 뮤즈 신화에서 유래한 그리스어 '무시케mousike'에 어원을 두고 있다. 항상 형태의 균형을 추구했던 고대 그리스인들은 음악을 수평적 개념의 선율과 수직적 개념의 화성으로 체계화 하였다. 이후 고대 로마에 이르러 음악은 시 예술의 일부로 간주되어 문학과 언어에 더 가까운 것으로 여겨졌다.

물론 음악을 판단할 때 여느 예술 형태와 마찬가지로 개인적 편견이 배제될 수 없다. 오늘날 우리 개개인이 음악이라고 인식하는 것이 불과 수세기 전에는 전혀 음악으로 여겨지지 않는 것일 수 있다. 할아버지 세대에게 테크노 음악에 대한 견해를 물어보면 쉽게 이해할 수 있다. 지구 한편에서 음악이라 부르는 것이 다른 한편에서는 음악이 아닐 수 있다. 이렇듯 음악은 전적으로 주관적인 것이다. 미국과학아카데미National Academy of Sciences가 내린 음악에 대한 가장 현대적 정의는 다음과 같다.

"박자에 맞춰 변화하는 소리의 패턴으로 문화, 정서, 사회성, 지성을 표현하는 예술이다."

인간이 말과는 전혀 다른 방식으로 음악을 인지한다는 사실을 주목할 필요가 있다. 논리와 이성을 관장하는 좌뇌는 말하기와 언어와 관련이 있는 반면, 음악은 창의력과 감성을 관장하는 우뇌에 더 밀접한 관련이 있다. 다시 말해 음악은 우리의 이성이 아닌 감성에 직접적으로 호소하는 언어다.

✚ 귀벌레

어떤 노래를 듣고 난 후 그것이 계속 귓가를 맴도는 경험을 다들 해보았을 것이다. 마치 뇌 안쪽 깊숙한 곳에서 '반복' 버튼을 누른 것처럼 계속해서 그 노래가 되풀이되는 경험 말이다. 당신이 경험한 것을 일컬어 '귀벌레(earworm)'라고 한다. 독일어 '오르웜(ohrwurm)'에서 유래한 이 현상은 짧으면 수시간에서 길면 며칠까지 지속된다. 어떤 원리로 이런 현상이 일어날까? 캘리포니아대학 연구팀은 뇌가 전에 들었던 선율을 롤로덱스에 꽂힌 색인 카드처럼 저장한다고 주장한다. 어떤 노래는 우리 뇌에 질문을 유발하는데 그렇게 되면 뇌는 질문에 대한 답을 찾는 과정에서 그 곡조를 반복 재생하게 된다는 것이다. 귀벌레는 보통 복잡하고 난해한 곡조가 아니다. 사실 트랙이 단순할수록 머릿속에 남을 가능성이 더 크다. 또한 노래를 반복해서 들을수록 귀벌레 현상에 이를 가능성이 커진다. 노래나 선율상의 예기치 않은 전환(musical twist)이 만들어 내는 효과와 비슷하다. 귀벌레는 팝뮤직뿐 아니라 공전의 히트를 친 사운드 로고에 이르기까지 어디서

나 찾아 볼 수 있다. 마케팅 교수인 제임스 켈라리스는 가장 유명한 귀벌레 리스트를 작성했다. 켈라리스가 '지옥의 플레이리스트(The Playlist from Hell)'로 꼽은 10곡 중 5곡을 뽑아 보았다.

- YMCA — 빌리지 피플(The Village People)
- We Will Rock You — 퀸(Queen)
- Who Let The Dogs Out — 바하 멘(Baha Men)
- The Lion Sleeps Tonight — 토큰스(The Tokens)
- 영화 「미션 임파서블」 주제곡 — 랄로 시프린(Lalo Schifrin)

트랙 3. 정치 선전과 음악

과거 집단적 정서를 고조하고 조율하는 방편으로 시작된 음악이 오늘날에는 그간 소외되어 온 개인적 정서를 회복하고 치유하는 수단으로 사용되고 있다.

— 앤서니 스토르, 『음악과 지성(Music and the Mind)』

음악이 인간 정서에 미치는 영향에 대해 플라토는 우려했다. 음악이 악한 자들의 손에 의해 치명적인 무기로 악용될 수 있기 때문에 이를 통제해야 한다고 주장했다. 비단 플라토만 이런 생각을 한 것은 아니었다. 구 소련 시절 크렘린 정권은 대중에 반체제 사상을 부추긴다는 이유로 특정 재즈 음악을 법으로 금했다. 근자의 예로, 탈레반 정권은 모든 종류의 음악, 노래, 춤을 금지시켰다.

우리는 선전propaganda이 사람들에게 특정 정치문화적 견해를 설득하기 위한 목적의 정보라는 사실을 안다. 군가, 애국가, 국가 등을 예로 들 수 있다. 1700년대 중반 영국은 국민들에게 애국심과 자부심을 고취할 목적으로 국가國歌라는 개념을 처음 고안했다.

정치인들이 음악을 정치선전에 이용해 온 역사는 짧지 않다. 브라질의 바르가스 정권(1930~1942)은 작곡가들을 후원해 정치적 아젠다를 유포할 목적으로 민족주의 색채가 짙은 대중 음악을 작곡하게 했다. 상업성과 대중성이 강한 작품일수록 가난하고 무지한 시골주민에 미친 영향력으로 인해 큰 보상이 주어졌다.

1차 세계대전 당시, 군인들의 사기 진작과 애국심을 고취하는 음악이 전장의 양 진영에서 울려 퍼졌다. 행진가의 반복적인 리듬은 군대 조직을 결속하고 일사불란하게 할 뿐 아니라 개인보다 집단을 앞세우는 집단정서를 강화시킨다. 이러한 집단주의는 전쟁 시 필수적인 정신자세다.

1차 세계대전 당시 가정집마다 피아노가 한 대씩은 있었다. 양 진영의 정치선전자들은 민족주의적 노래 악보를 국민들에게 배포함으로써 민족주의 정서를 고취하고 전쟁에 대한 지지를 높일 수 있음을 깨달았다. 심지어 전쟁에 반대하는 자들을 비난하기 위한 목적으로 주문·제작된 노래들도 있었다. 또한 국민 중 문맹인 자들에게 정치 사상을 전달하기 위한 수단으로 음악이 이용되기도 했다. 글은 읽을 수 없는 사람이라도 노래는 할 수 있기 때문이었다.

음악이 정치선전의 수단으로 사용된 예는 2008년 버락 오바마의 대선 캠페인에서도 찾아볼 수 있다. 오바마를 지지하는 많은 뮤직 아티스트가 전국 투어 콘서트를 기획하고, 그를 지지하는 노래들을 발표했다. 미국 전역의 레코드 가게에서 오바마 지지 아티스트들이 함께 만든 CD가 판매되었다. 정치 애널리스트들은 생애 처음 투표권을 행사하는 젊은 층의 높은 투표 참여율이 오바마 대통령 당선에 핵심요인이라 평가한다. 음악과 아티스트 커뮤니티의 지지가 이에 큰 기여를 했음은 의심할 여지가 없다.

하지만 음악은 양날의 칼과 같다. 누군가를 지지하기 위해 사용된 음악이 또 그만큼 쉽게 누군가를 해하는 칼로 사용되기도 한다. 칠레의 저항시인 빅토르 하라의 노래는 칠레 대중음악의 혁명을 이끈 '새로운 노래'라는 뜻의 누에바 깐시온 Nueva Cancion 운동에서 핵심적인 역할을 담당했다. 이로 인해 하라는 국가의 적으로 기소되어 결국 살바도르 아옌데 정권에 의해 처형당하고 만다.

베트남전 당시, 존 레넌의 노래 〈Imagine〉과 〈Give Peace a Chance〉는 전 세계 수백만 사람들이 참여한 미국에 대한 반전운동의 도화선이 되었다. 밥 딜런 역시 멜로디와 노래를 통해 당시 정권에 항거하는 목소리로서 미국 시대정신을 대변했다. 다시 말해 음악은 기성 세력에 대항하는 중요한 '무기'이자 진정한 사회 변화를 이끄는 수단으로 자리매김했다.

트랙 4. 뮤작, 마이클 잭슨 그리고 MTV

1900년대 초 라디오의 등장과 함께 마케터들은 음악의 힘을 실감하기 시작했다. 라디오 방송국은 당시 라디오 광고 규제를 우회하기 위한 수단으로 '징글jingle(광고 목적으로 만든 CM송 – 옮긴이)'을 제작하기에 나섰다. 주로 후원하는 라디오 프로그램에 삽입하는 방식으로, 징글을 통해 짧은 음악 내에서 제품이나 브랜드를 언급할 수 있게 되었다. 공전의 히트를 친 징글들을 살펴보면 짧고 외우기 쉬우면서도 현대인의 감성을 자극하는 감미로움이 그 특징이다.

미 자동차 제조업체 올즈모빌Oldsmobile은 세계 최초로 광고용 징글을 사용한 회사다. 15초짜리 대표작 'In My Merry Oldsmobile나의 즐거운 올즈모빌에서'은 거스 에드워즈와 빈센트 브라이언의 합작품이다. 하지만 징글이 마케팅 툴로서 인기를 얻게 된 것은 1920년대에 들어서부터다.

대중에 가장 잘 알려진 광고용 징글 중 하나가 'Have you tried Wheaties?위티스를 먹어 봤니?'라는 곡인데 짐작하다시피 위티스 시리얼 광고용으로 제작된 것이다. 제너럴 밀스General Mills는 당시 부진한 국내 판매고 때문에 시리얼 사업을 완전히 접을까를 고민 중이었다. 이에 대한 세부 검토가 진행되는 과정에서 국내에서 유일하게 위티스 시리얼이 날개 돋친 듯 팔리는 지역을 발견하게 된다. 바로 이 징글로 마케팅을 하는 지역이었다. 여기서 착안한 마케팅 담당자는 징글을 전국에 방송하기로 결정한다. 놀랍게도 방송이 시작된 지 얼마 지나지 않아 위티스 판매량은 하늘을 찌르게 되고 다른 시리얼 회사들도 재빨리 이를 따라하기 시작했다.

징글은 1950년대 TV가 등장하기 전까지 주요한 광고 수단으로 자리잡았다. 펩시의 대표적인 징글 'Pepsi-Cola Hits The Spot펩시콜라 정말 그만인걸'은 전국적인 히트를 친다. 펩시는 이것으로 백만 장이 넘는 레코드 판매를 기록했고, 미국 전역의 주크박스에서 이 징글이 흘러나왔다. 그 후로 30년 뒤, 펩시는 히트제조기 마이클 잭슨과 손잡고 또 한 번의 마케팅 신화를 창조해 낸다.

뮤작, '엘리베이터 음악' 뒤에 숨은 이야기

> 나는 뮤작에서 나오는 것이면 뭐든 다 좋다. 듣기 편안하기 때문이다. MTV에서도 나왔으면 좋겠다.
>
> – 앤디 워홀

어느 날 엘리베이터에서 휘파람을 불고 있는 자신을 발견하게 된다면 당신은 아마도 세계적인 오디오 회사 뮤작Muzak(상점·식당·공항 등에서 배경 음악처럼 내보내는 녹음된 음악 – 옮긴이)의 창업자 조지 스콰이어에 감사하게 될 것이다. 오늘날 뮤작은 위성을 통해 전 세계 쇼핑몰과 푸드코트에 울려 퍼진다. 하지만 1930년대의 뮤작은 뮤작 본사의 턴테이블에서 직접 틀어주는 것이었다.

처음 뮤작은 회사와 공장에서 생산성과 직원 사기 진작을 위해 사용되었다. 미국 전역에 초고층 빌딩이 우후죽순 들어서면서부터 뮤작 시스템은 엘리베이터에 연결되어 엘리베이터

경험을 한층 즐거운 것으로 만들었다. 조명과 경쾌한 멜로디는 엘리베이터에 타는 것을 꺼려하는 사람들을 안심시켜 줬고 여기에서 '엘리베이터 음악elevator music'이라는 용어가 유래하게 되었다.

1950년대와 60년대에 접어들면서 백화점들은 쾌적한 쇼핑 분위기를 조성해 매출을 증가시키고자 뮤작을 사용하기 시작했다. 뮤작 사는 음악이 소비자의 잠재의식에 미치는 영향을 연구해 구매를 촉진하는 방법을 찾기 시작했다. 이 사실이 뉴스를 통해 대중에 알려지자 뮤작에 대한 엄청난 반발이 일었다. 소비자를 우롱한다는 비난과 함께 많은 개인 소송이 뒤따랐다.

오늘날 뮤작 사는 세계 최대의 배경음악 제공자로 자리잡았다. 지난 20년 동안 회사는 갈수록 까다롭고 트렌드에 민감한 소비자의 입맛에 맞추어 고객별 맞춤형 플레이리스트를 제공하게 됐다.

TV의 비약적 발전과 MTV 세대

1940~50년대 TV의 등장으로 음악이 마케팅에서 차지하는 비중과 역할이 크게 변화했다. 사람들은 TV라는 신기술에 크게 매료됐고 전 세계적으로 TV는 주요한 마케팅 매체로 자리잡게 됐다. TV로 인해 마케팅의 초점은 귀에서 눈으로 옮겨갔고 움

직이는 이미지, 즉 영상이 곧 왕으로 군림하게 됐다. 그 시점에 음악의 역할은 스크린에 비춰지는 스토리나 액션을 살려주는 양념 정도에 지나지 않았다. 징글 역시 대중 문화에서 사라져 버렸다. 하지만 실망은 금물. 징글은 50여 년이 지난 후 '사운드 로고타입sound logotype(기업이나 광고상품 그 자체 또는 그 이미지를 연상할 수 있도록 의도적으로 만들어진 소리나 음악 – 옮긴이)'이라는 이름으로 재탄생하게 된다.

1980년대 마케팅과 브랜딩의 개념을 완전히 뒤집어놓은 것이 등장했다. 1981년 8월 1일 자정 12시 1분, MTV가 방송한 최초의 뮤직 비디오가 바로 그것이었다. 그 때부터 광고에 뮤직 그룹과 아티스트의 히트곡이 등장하는 것이 점차 보편화되었다. 1987년 나이키는 비틀즈의 〈Revolution〉을 뮤직 비디오와 흡사한 자사 광고의 배경음악으로 삽입했다.▶ 이러한 추세에 합류해 리바이스는 자체 제작한 노래와 함께 브랜드 아이콘인 리바이스 '501'을 출시하게 된다. 기업들은 뮤직 아티스트와의 광고든지 스폰서십이든지 형태와 상관없이 제휴를 통해 고객을 끌어들이고 정서적 유대를 형성해 시장점유율을 높일 수 있음을 깨닫기 시작한다.

▶ www.soundslikebranding.com에서 동영상을 볼 수 있다.

마이클 잭슨 & 펩시

1980년대 미국 청량음료업계는 치열한 경쟁구도를 형성하게 된다. 코카콜라와 펩시 간의 '콜라 전쟁' 기간 중 새로운 음료 제품들이 쏟아져 나왔고 살인적인 마케팅 전쟁이 벌어졌다. 교착상태에서 빠져 나오기 위한 돌파구로서 펩시는 오래된 기성 브랜드인 코카콜라에 대비해 상대적으로 세련되고 젊은 브랜드 이미지로 자리매김을 시도했다. 이렇듯 치열한 경쟁구도를 배경으로 펩시와 마이클 잭슨은 지난 25년을 통틀어 가장 성공적으로 평가되는 마케팅과 음악 간 협업을 시도하게 된다. 하지만 처음부터 이런 결과를 예상했던 것은 아니었다.

대다수 사람들의 생각과는 반대로, 이 아이디어를 갖고 펩시의 문을 두드린 것은 마이클 잭슨이었다. 더 놀라운 것은 마이클 잭슨이 처음 찾아간 곳은 코카콜라였다. 하지만 제시한 가격이 너무 높다는 이유로 코카콜라에서 퇴짜를 맞은 잭슨은 결국 펩시로 향하게 된 것이다.

펩시는 (당시로서는 엄청난 액수인) 500만 달러라는 비용을 지급하고 마이클 잭슨과 함께 '뉴 제너레이션New Generation(새로운 세대)'이라는 캠페인을 시작했다. 처음 펩시 측에서도 이 비용이 결코 만만치는 않았다. 하지만 마이클 잭슨이 그의 빅 히트 작인 〈Billie Jean〉의 가사를 'You are the Pepsi generation.

Guzzle down and taste the thrill of the day. And feel the Pepsi way!^{당신은 펩시 세대. 목을 타고 흐르는 이 짜릿함을 느껴봐. 이게 바로 펩시야!}'로 개사하겠다고 제안하자 펩시는 바로 수표책을 꺼내 들게 된 것이다.▶

결과는 금세 드러났다. 펩시는 미국 젊은 소비층을 중심으로 코카콜라의 시장점유율을 빠르게 잠식해 들어갔다. 이 광고가 엄청난 히트를 치자 펩시는 마이클 잭슨의 월드 투어를 후원하게 된다. 그로 인해 펩시가 TV와 언론을 통해 누린 광고효과를 환산하면 500만 달러는 그야말로 껌 값에 불과했다.

광고에서 음악의 새 역할

마케팅은 끊임없이 변화한다. 현재의 유행이 사라진 그 자리는 새로운 유행으로 채워진다. 마케팅에서 음악이 사용되는 이치도 이와 유사하다. 1990년대 들어 유명 아티스트의 곡에 지불하는 비싼 라이선스 비용에 대한 의구심이 광고업자들 사이에서 일기 시작했다. 저작권 고비용 문제를 피해 보기 위한 방편으로 광고업자들은 뜨는 신인 아티스트로 눈을 돌리거나 무명아티스트에게 유명 곡을 부르게 하기 시작했다. 소니 브라비아 광고에 삽입된 스웨덴 가수 호세 곤잘레스의 노래, 애플 광고에

▶ www.soundslikebranding.com에서 동영상을 볼 수 있다.

앨범 1

등장하는 파이스트Feist, 유투U2, 야엘 나임Yael Naim 등이 이런 트
렌드의 예다. 물론 이러한 마케팅 방식에서 브랜드만 유익을
누리는 것은 아니다. 좀처럼 무대를 얻기 힘든 무명 또는 신인
밴드와 아티스트들은 브랜드 마케팅 파워에 기대어 훨씬 큰 규
모의 청중에 자신의 음악을 알릴 수 있는 기회를 갖게 된다.

브랜딩:
눈에 보이는 것 그 이상

"브랜드 선택은 자신이 추구하는 정체성에 대한 명확한 진술이다."

— 피에르 부르디외, 프랑스 사회학자

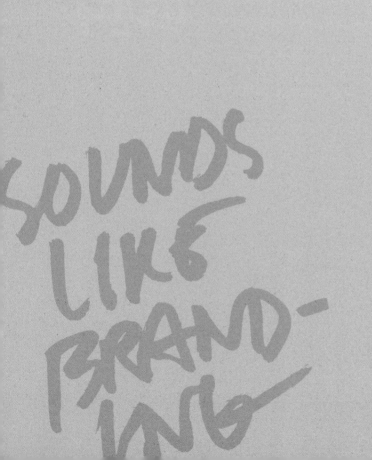

몰도바의 오지에서 나오미 클라인을 떠올리며

때는 숨이 턱턱 막혀오는 한여름, 나와 내 동료는 이틀을 쫄쫄 굶은 채 몰다비아 초원을 걷는 중이었다. 떨어지지 않는 발을 질질 끌며 올라 갔던 흙길은 우리 뒤를 따라오는 듯한 수상쩍은 검정색 메르세데스 벤 츠보다는 우마차가 다니기에 더 적합한 길이었다. 소작농들 한 무리가 추수한 곡식을 실은 소를 끌고 우리를 지나갔다. 유럽 최빈국으로 꼽 히는 몰도바는 2001년이 아니라 1901년을 살고 있는 듯 보였다.

마침내 길가에서 발견한 허름한 가게 안에는 물건이랄 게 거의 없 었다. 우리가 먹을 것과 물이 필요하다는 의사를 가까스로 전달하자 가게 주인은 플라스틱 컵에 물을 조용히 따라주고 소시지 몇 조각을 달아 주었다. 금전 등록기라든지 영수증은 찾아 볼 수 없었고, 주인이 가격을 계산할 때 쓰는 주판만 눈에 띄었다.

이 오지여행 기간 중 나는 마침 나오미 클라인의 유명 저서 『No Logo』를 읽는 중이었다. 클라인은 자본주의, 세계화, 마케팅이 어떤 방식으로 대중을 잠식해 들어가고 있는지, 어떻게 우리의 삶을 통제 하는지에 대해 기술했다.

당시 나를 둘러싼 척박한 시골 풍경과 적막한 여행길은 클라인의 책에서 묘사된 치열한 마케팅 세계와는 극명한 대조를 이뤘다. 그곳 에서 나는 브랜딩과 자본주의가 존재하기 이전의 세상의 모습을 똑똑히 확인할 수 있었다. 그리고 브랜드가 우리에게 제공하는 편안함과 안정감을 이해하기 시작했다. 맥도날드(McDonald's)의 '골든 아치(Golden Arches)'는 단순히 눈에 익숙한 상징물 그 이상의 의미를 지닌다. 즉, 문명이 가까이 있음을 말해 주는 등대와 같은 것이다. 브랜딩이 존재하지 않는 곳에 가서야 비로소 나는 브랜드가 우리 일상에 미치는 엄청난 영향력을 실감하게 된 것이다. 그렇다면 브랜드란 과연 무엇인가? 브랜드가 어떻게 이처럼 우리 삶에 깊숙이 파고들게 되었는가? 그리고 브랜딩의 미래는 과연 어떻게 전개될 것인가?

트랙 5. 소인에서 브랜드로

브랜딩에서 음악이 차지하는 새로운 역할을 이해하기 위해 우리는 먼저 브랜딩이 무엇이며 왜 이것이 성공의 필수 요소가 됐는지를 알아야 한다. 오늘날 기업의 가치는 그 기업이 보유한 브랜드 파워에 의해 결정되는 경우가 많다. 일례로, 인터브랜드Interbrand 최근 랭킹에 따르면 코카콜라의 기업가치는 687억 3,400만 달러다. 백과사전에서는 브랜드를 '자사 상품 또는 서비스를 타사의 것과 구분하기 위해 사용하는 특정 상표'라고 정의한다. 현대사회에서 사용하는 '브랜드brand'라는 용어는 소유권을 표시하기 위해 가축 주인의 이니셜이나 상징을 동물의 가죽에 소인한 농경시대 관습에서 유래한 것이다.

하스 비즈니스 스쿨의 마케팅 교수이자 이 주제에 관해 여러 책을 저술한 데이비드 A 아커 교수는 '브랜드'를 이렇게 정의했다. '한 브랜드의 이름 및 상징과 관련된 자산의 총체로 이것은 제품이나 서비스가 그 기업의 고객에게 제공하는 가치를 증가시키는 역할을 한다.' 그는 또한 브랜드 구축brand building을 '브랜드가 고객에 약속한 바를 이행함으로써 대내외적 커뮤니케이션을 통해 소비자의 마음과 시장에서 독점적인 위치를 점하는 것'이라고 정의했다.

브랜드 아이덴티티

아커는 브랜드가 브랜드 아이덴티티brand identity를 중심으로 하는 여러 요소로 구성된다고 설명한다. 브랜드 아이덴티티는 한 회사가 소비자에 의해 어떻게 인식되는가와 그 회사에 연계된 가치들로 정의할 수 있다. 이러한 관계는 회사와 고객 간에 성립된 일종의 보이지 않는 계약이라 할 수 있다. 계약 조건은 간단하다. 회사가 고객이 기대하는 브랜드 원칙을 이행하고 고수한다면 고객은 계속해서 해당 상품 또는 서비스를 구매하겠다는 것이다. 물론 이러한 계약은 명시적이거나 가시적이지 않지만 모든 계약 당사자들은 이를 분명하게 이해하고 있다. 오늘날 대다수의 일류 마케팅 전문가들은 매장직원에서부터 고위 임원을 포함한 회사 전체가 고객 약속을 어떻게 이행하는지에 따라 브랜드 품격brand integrity이 결정된다고 믿는다.

브랜드 아이덴티티는 세 가지 주요 컨셉을 기반으로 한다. 그 중 첫째가 핵심 아이덴티티core identity이다. 모든 브랜드 성공의 기본인 핵심 아이덴티티는 명확성, 일관성, 지속성이 필수다. 일례로 맥도날드의 핵심 브랜드 아이덴티티는 '가치, 서비스, 품질, 가족, 어린이, 청결'이라는 컨셉에 기반한다.

둘째는 확장된 브랜드 아이덴티티extended brand identity로 시장 상황이나 회사 정책 변화에 따라 수정·변경 가능한 요소로 구성된다. 여기에 해당하는 가치단어value words는 핵심 아이덴티티에 사용되는 단어보다는 엄격하지 않으며, 심볼symbol, 브랜드 개성brand personality, 톤tone 등이 포함된다.

마지막으로 브랜드 에센스brand essence는 브랜드의 '정신soul'을 간명하게 전달하는 표현 또는 문구를 가리킨다. 노키아Nokia의 'Connecting people'이 좋은 예다. 브랜드 에센스는 기업 슬로건이나 태그라인으로 표현되기도 한다.

브랜드 자산

이 책에서 중요한 개념으로 등장하는 '브랜드 자산brand equity' 을 아커는 이렇게 정의한다. 브랜드 자산은 브랜드에 대해 정신적, 정서적으로 연계된 편익과 의무로 이뤄진다. 이는 고객이 인식하는 브랜드의 가치다. 브랜드 자산은 그 회사의 고객과 직원들에 관련하여 구축된 독특하면서도 강력한 호의적인 브랜드 연상brand associations을 의미한다. 강력한 브랜드를 구축하려면 브랜드 아이덴티티를 타깃 그룹에 전달함으로써 이들이 브랜드에 대해 바람직한 연상을 떠올릴 수 있게 해야 한다. 즉, 타깃 소비자들이 당신의 브랜드를 바람직하게 인식해야 한다는 의미다. 아커는 브랜드 자산을 다음과 같이 네 가지 차원으로 분류한다.

아커의 브랜드 자산 개념도

- **친근함**Familiarity: 고객이 브랜드를 신뢰하려면 우선 그 브랜드를 알아야 한다.

- **충성도**Loyalty: 고객이 브랜드 충성도를 갖게 되면 재구매를 유도하는 데 드는 마케팅 비용을 줄일 수 있다. 충성도는 기존 및 신규 경쟁업체로부터 회사를 보호해주는 역할을 한다.

- **품질**Perceived Quality: 고객은 제공되는 서비스, 경험, 성능 등이 비용을 지불할 가치가 있다고 믿어야 한다.

- **연상**Associations: 고객이 브랜드와 관련해 연상하는 모든 긍정적, 부정적 이미지를 포괄하는 개념으로 개인적 경험, 상징, 디자인, 소문 및 기타 요소에 의해 영향을 받는다.

브랜딩은 모든 시장에서 중요하지만 특히, 경쟁업체 간 상품 또는 서비스 품질의 차이가 미미할수록 더 중요해진다. 이런 상황에서 기업들은 단순한 저가 정책으로 매출을 늘리려고 하는 경우가 많다. 하지만 강력한 브랜드는 단시간에 쉽사리 모방할 수 있는 것이 아니다. 이것은 오랜 시간에 걸쳐 축적된 회사에 대한 소비자의 신뢰와 정서적인 연상효과에 뿌리를 둔다. 다시 말해 브랜드는 관계의 문제다.

강력한 브랜드 효과

다른 모든 조건이 동일하다는 전제하에 강력한 브랜드를 구축한 회사는 자사 제품과 서비스에 높은 가격을 부가할 수 있는 특권을 누린다. 이렇게 주장하는 근거는 소비자가 특정 브랜드에 대해 지니는 긍정적인 연상효과에 대한 대가로 어느 정도의 프리미엄을 지불할 용의가 있다는 데 있다.

강력한 브랜드를 보유한 기업은 전혀 다른 종류의 제품을 출시하면서도 소비자와 연속성을 가지고 커뮤니케이션할 수 있다. 디즈니를 생각해 보라. 디즈니는 치약에서부터 비디오 게임, 아동복, 가족여행패키지에 이르는 다양한 상품을 판매한다. 디즈니는 미래에 나올 그 어떤 상품도 다 수용할 수 있는 엄청난 브랜드 파워를 보유한다.

트랙 6. 브랜딩 역사 400년

'브랜드'라는 것이 등장하기 이전의 상업은 어떤 모습이었을까? 내가 몰도바에서 경험했던 허름한 가게와 비슷하지 않았을까 상상해 본다. 가게 주인은 생산자(농부)에게 상품(소시지)을 직접 구매한 뒤 포장해서 고객(나)에게 판다. 상품의 가격은 저울에 달아 그 무게만큼의 상품 가치로만 매겨진다. 여기에서 브랜딩의 요소는 단 하나도 없다.

1890년대 후반 산업 확장과 함께 혁신적인 장비가 도입되면서 생산 프로세스의 기계화가 시작되었다. 그 결과 상품 포장 자동화와 정확한 계량이 가능해졌다. 산업화로 인해 소득 수준이 높아지자 소비가 늘어나고 이는 상품에 대한 전반적인 수요 증가로 이어졌다. 그 결과 상품과 제품을 생산하는 회사들(제조업자)은 자동화 공정을 통해 상품을 계량하고 재포장한 후 라벨을 붙여 상인(가게 주인)들에게 판매하게 되었다.

미국 회사들은 자사 브랜드 이름과 상품 고유의 특성을 알리기 위한 목적으로 포장을 사용하기 시작했다. 디자인과 포장이 자사 상품을 경쟁사의 것과 차별화하고 소유권을 표시하기 위한 중요한 수단으로 활용되기 시작했다. 포장 디자인, 인쇄 외 기타 마케팅 매체를 통해 브랜드 제품의 편익을 전문적으로 홍보하는 판촉·광고 대행사가 우후죽순 생겨났다. 브랜딩의 시대가 열린 것이다.

1960~70년대 '브랜드 구축brand building'을 전문으로 한 마케팅 회사들이 광고시장에 등장하기 시작했다. 이와 동시에 점점 더 많은 기업들이 전 세계적인 영업망 확장에 나섰고 관리해야 할 상품의 숫자는 날이 갈수록 늘어만 갔다. 이러한 새로

운 요인들을 배경으로 브랜딩 대행업체들은 기업이 브랜딩 구축과 마케팅에 좀 더 포괄적이고 전략적인 접근법을 취해야 한다고 주장했다. 국내외 모든 마케팅 활동에 있어 그래픽 아이덴티티, 메시징, 브랜드 이미지의 명확성과 일관성을 유지하기 위한 다양한 마케팅 모델과 지침들이 제공되었고 이 과정에서 기업 이미지 통합 전략Corporate Identity이라는 개념이 탄생하게 된다.

1960~80년대의 급속한 경제 성장과 함께 마케팅은 더욱 복잡다단해졌다. 가격 경쟁력을 위해 기업들은 중국, 대만 등 영업비용이 낮은 국가로 제조설비를 이전했다. 이로 인해 점점 더 많은 브랜드들이 시장에 쉽게 진입할 수 있게 되었다. 유사 제품들이 범람하는 공급과잉 시장에서 기업들은 제품 자체의 특성만 가지고는 차별화를 꾀하기 힘들어졌다. 이런 치열한 시장상황에서 가장 성공적인 기업들은 바로 정서적 편익에 기반한 차별화와 고객과의 정서적 관계구축에 성공함으로써 가장 높은 가격을 부가할 수 있는 기업이었다. 즉, 생산 라인이 아닌 브랜딩을 통해 창출할 수 있는 가치에 성공의 비결이 있었다.

라이프스타일 브랜드

1980년대, 부가 빠르게 증가하면서 '라이프스타일 브랜드 lifestyle brand'라는 새로운 형태의 브랜딩이 등장한다. 마케터들은 나이, 성별, 지리 등 전통적인 소비자 구분기준에서 벗어나 공유 가치, 신념, 열망을 토대로 소비자에게 호소하는 방법을 찾아 나섰다. 나이키, 캘빈 클라인Calvin Klein, 구찌Gucci, 애플과 같은 브랜드들은 타깃 세그먼트의 소비자들이 동일시 할 수 있는 특정 라이프스타일을 마케팅 함으로써 동일한 브랜드 이름으로 다양한 제품을 판매할 수 있음을 깨달았다. 일례로 캘빈 클라인은 속옷, 향수, 시계 심지어 고급 페인트에 이르는 다양한 제품군을 선보이고 있다. 하지만 다양한 이 모든 상품들이 캘빈 클라인이 표방하는 라이프스타일에 맞아 떨어지기 때문에 전혀 문제될 게 없는 것이다.

트랙 7. 브랜드 심리학

브랜딩의 새로운 역할을 이해하려면 먼저 우리 인간을 진정 움직이게 만드는 것이 무엇인지 알 필요가 있다. 아마도 여러분 대다수는 매슬로의 욕구단계설Maslow's hierarchy of needs을 표현한 피라미드 그림을 본 적이 있을 것이다(그림 참조). 에이브러햄 매슬로는 인간은 모두 의식·무의식적으로 피라미드의 가장 높은 단계에 이르고 싶은 열망이 있다고 주장했다. 단, 여기에는 조건이 있다. 피라미드상에서 당신이 현재 속해 있는 단계의 욕구가 완전히 충족되지 않으면 다음 단계로 올라갈 수 없다는 것이다. 다시 말해, 의식주 등과 같은 기본적인 생리적 욕구가 충족되어야만 자존감, 자기인식과 같은 심리적 욕구를 충족하는 단계로 진행할 수 있다는 것이다.

매슬로 피라미드 그림

현대 브랜드의 출현은 소비자가 가진 이러한 내적 욕구를 충족시켜주겠다는 매우 직접적인 어필에 다름 아니다. 이러한 방식으로 브랜드는 피라미드의 더 높은 단계로 올라가고자 하는 우리의 여정에 동반자가 된다. 백 년 전 기업들은 소비자의 배고픔과 목마름과 같은 기본적인 욕구에 호소했지만 오늘날처럼 편리하고 안전한 현대 사회에서 이러한 기본적 욕구들은 이미 해결된 지 오래다. 이제 우리는 다른 무언가를 찾고 있다.

서방 세계에서 나타난 폭발적인 부의 증가와 경제적 생활 수준의 향상에 힘입어 피라미드 꼭대기 단계의 욕구에 초점을 맞춘 전혀 새로운 종류의 브랜드들이 성장하게 되었다. 오늘날 브랜드는 매슬로 피라미드 꼭대기에 있는 욕구들과 관련하여 특히나 중요한 역할을 수행하고 있다. 우리의 인지 여부를 떠나, 피라미드 상층부에 해당하는 브랜드들은 정체성 형성, 지위, 자아실현 등과 같은 개인적 욕구를 충족시켜주는 역할을 하고 있다. 우리는 브랜드 선택을 통해 우리가 가진 정체성과 신념을 다른 사람에게 표현한다. 개인주의가 좀 더 심화된 세계에서, 우리가 소비하는 것이 곧 우리가 누구인지를 드러내는 수단이 되고 있는 것이다.

브랜드, 그 다음은 무엇인가?

세계적인 광고회사 사치앤사치Saatchi & Saatchi CEO 케빈 로버츠는 현대 사회의 브랜드는 반드시 '러브마크Lovemark'로 진화해야만 한다고 주장한다. 러브마크가 된 브랜드는 그 브랜드를 진정으로 사랑하고 100% 충성하는 고객들을 보유하게 된다.

로버츠는 브랜드가 '러브마크'를 획득하기 위한 세 가지 필수 조건을 제시했다.

1. **신비감**^{Mystery} 소비자의 시선을 사로잡는 브랜드 주변에는 항상 스토리와 '신화'가 있다.

2. **감각**^{Sensuality} 우리는 오감 즉 시각, 청각, 후각, 미각, 촉각을 통해 세상을 경험한다. 최근까지도 브랜딩은 주로 시각적 요소에 치중해 왔다. 하지만 미래의 브랜드는 모든 감각을 활용하게 될 것이다.

3. **친밀감**^{Intimacy} 열정을 가지고 사람들과 만나고 공감대를 형성하라. 일방적인 커뮤니케이션이 아닌 지속적인 대화의 채널을 만들라.

뮤직 브랜딩 전략: 브랜드 ♡ 음악

"전 세계 16~24세 사이 젊은이들의 77%가
자신의 가장 큰 열정 대상으로 음악을 꼽았다."
— 2008 코카콜라 뮤직 리서치

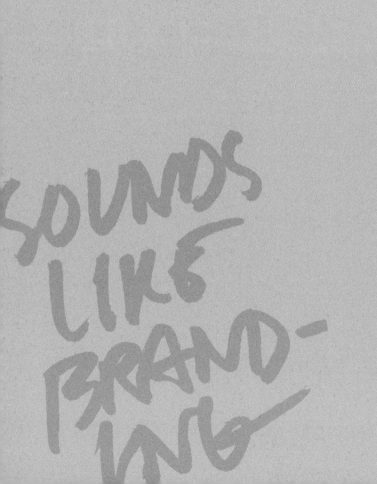

SOUNDS
LIKE
BRAND-
ING

브로드웨이가와 리드가 모퉁이 스타벅스

뉴욕시티의 추운 12월의 어느 아침. 나는 브로드웨이(Broadway)가와 리드(Reade)가 모퉁이에 자리한 스타벅스(Starbucks)에서 따끈한 소이라떼를 사 들고 상점 문을 나선다. 눈 덮인 브로드웨이를 내려오며 음악의 브랜딩 파워를 진정으로 이해한 최초의 브랜드가 왜 커피 체인업체였을까 곰곰이 생각해 본다.

물론 그것은 우연이 아니었다. 일찌감치 스타벅스는 자신들이 파는 것이 그저 맛있는 커피 한 잔이 아니라는 사실을 알았다. 스타벅스는 커피와 함께 커피 문화의 로맨스, 모험, 고급스러움을 고객들에게 제공하고 있음을 잘 알고 있다. 이 같은 정서적인 요소를 토대로 브랜드를 구축한 스타벅스는 높은 고객 충성도와 함께 가격 프리미엄을 누리게 되었다.

이탈리아의 에스프레소 바 문화에서 착안한 스타벅스의 미션은 시작 당시부터 '제3의 공간(third space)', 즉 직장과 집을 오가는 사람들이 편안하게 쉬며 만남을 가질 수 있는 공간을 창조하는 것이었다. 방금 갈아놓은 커피의 신선한 향에서부터 편안한 실내장식, 미소로 반기는 바리스타, 배경음악에 이르기까지 매장 내 모든 것이 조화를 이루며 독특하면서도 안락한 스타벅스 브랜드 경험을 만들어 낸다. 사업차 이동이 잦은 나를 비롯한 수많은 기업체 임원들에게 임시 사무공간으로 불리는 스타벅스는 정말 고마운 존재가 아닐 수 없다.

스타벅스도 처음에는 단순히 매장 분위기를 좋게 만들려는 목적으로 음악을 사용했다. 여기엔 특별할 것이 없었다. 하지만 음악을 틀기 시작하자 흥미로운 일이 벌어지기 시작했다. 매장에서 틀어주는 다양한 장르의 음악에 대해 고객들이 물어오기 시작한 것이다. 스타벅스는 이내 곧 매장에서 자체 CD를 판매할 수 있겠다는 가능성을 보게 된다. CD 판매가 시작되자 반응은 실로 놀라웠다. 이에 스타벅스는 2007년 '히어뮤직Hear Music'이라는 자체 음반사를 설립하기에 이른다.

음반업계가 최악의 침체에 허덕이던 시기에 스타벅스는 엄청난 음반 판매고를 기록했다. 49개국 1만 5천여 개 매장을 유통망으로 보유한 스타벅스는 미국 내 음반 소매판매 순위 4위에 오르기도 했다. 폴 매카트니, 조니 미첼, 레이 찰스 같은 아티스트들이 기존 음반사를 마다하고 스타벅스와 음반계약을 맺은 일은 새삼 놀랄만한 사건이 아니었다.

주로 디지털 형식이기는 하나 스타벅스의 음반 판매 성공신화는 지금까지 이어지고 있다. 아이튠스 뮤직스토어iTunes Music Store와의 제휴를 통해 고객들은 스타벅스 음악 다운로드에서부터 인터넷 스트리밍 서비스, 아이폰 다운로드 서비스까지 누릴 수 있게 되었다. 이러한 독보적인 성공의 비결은 스타벅스가 전략적 브랜딩 툴로서 음악을 훌륭하게 활용하는 데 있다. 음악을 통해 스타벅스는 고객들과 더 친밀한 관계를 맺을 뿐 아니라 그들의 일상 속 깊숙이 파고들어갈 발판을 마련하게 되었다.

스타벅스 CEO 하워드 슐츠는 '우리는 브랜드에 대한 고객의 신뢰를 다른 영역으로 확장시켜 스타벅스 경험을 향상시킬 수 있는 기회를 일찌감치 포착했다. 매장에서 30년 가까이 음악을 틀어왔기 때문에 음악사업은 어찌 보면 당연한 수순이었다.'고 말했다.

트랙 8. 음악, 성공의 비결

브랜드 가치 세계 최고로 꼽히는 코카콜라의 성공 비결은 병마개나 어딘가 존재한다는 비밀 금고에 있지 않다. 코카콜라는 집중적인 음악전략을 통해 고객과의 정서적 유대관계와 참여를 이끌어낼 수 있음을 간파했다. 일찍이 19세기 말부터 코카콜라는 당시 유명한 오페라 가수와 뮤지션들을 자사 광고에 기용했다. 1900년대 중반에 이르러 코카콜라 광고에서 음악은 당연한 것으로 여겨졌다. 음악을 통해 코카콜라는 더 친근감 있고 기억에 남는 브랜드로 인식되었다. 40~75세 사이 나이대의 아무나 붙잡고 코카콜라의 대표적인 CM송▶ 〈I'd like to buy the world a Coke〉을 아는지 물어보라. 아마도 바로 노래가 튀어나올 것이다(이 곡은 싱글로 수백만 장이 판매됐다). 우리 또한 〈Always Coca-Cola^{언제나 코카콜라}〉 CM송을 다 외우고 있지 않은가?▶

2009년, 코카콜라는 새로운 글로벌 슬로건 〈Open Happiness^{행복을 열어요}〉의 즐겁고 경쾌한 느낌을 살리기 위해 또 다시 음악을 찾게 된다. TV나 라디오 등 전통적인 채널에 더해 코카콜라는 뮤지션 및 아티스트들과 제휴를 맺고 캠페인을 전개해 나갔다. 코카콜라는 〈Open Happiness〉라는 CM송을 작곡하고 전 세계 유명 아티스트들(패닉 앳 더 디스코 Panic At The Disco!와 날스 바클리 등)를 초청하여 이들 버전으로 음반을 녹음했다.▶ 이 리믹스 음반은 시장별로 한정판 디지털 다운로드 형태로 발매됐다. 여기서 음악은 다른 매체로는 도달할 수 없었던 소비자층에 코카콜라의 마케팅 메시지를 전달하는 '매개^{carrier}'가 되었다. 코카콜라 CM송은 젊은이들의 집단 서식지라 할 수 있는 디지털 네트워크와 SNS를 통해 젊은 소비자들에게 퍼져나갔다. CM송의 엄청난 인기로 중국의

▶ www.soundslikebranding.com에서 동영상을 볼 수 있다.

앨범 3

왕리홍이 부른 〈Open Happiness〉는 중국 차트 1위에 오르는 기염을 토했다.

노래, 맥도날드 성공의 열쇠

음악의 전략적 잠재력을 일찌감치 간파한 브랜드로 맥도날드를 빼놓을 수 없다. 맥도날드는 단 다섯 개의 음만으로 브랜드 메시지를 전달하는 데 성공했다. 지난 몇 년간 속세와 인연을 끊고 살지 않았다면 '따-따-따-라-따 암 러빙 잇I'm lovin' it'의 맥도날드 로고송을 다들 들어봤을 것이다. 맥도날드 최초의 글로벌 마케팅 캠페인으로 진행된 이 캠페인의 목표는 전 세계 어느 매장에서나 소비자가 동일한 느낌을 갖게 하는 것이었다. 맥도날드가 만든 브랜드 사운드는 저스틴 팀버레이크와 같은 인기 아티스트에 의해 다양한 버전으로 녹음되었다. 그 결과 맥도날드는 지구상에서 가장 높은 인지도를 갖게 되었다. 간단한 음악적 장치를 통해 맥도날드는 수백만 소비자의 가슴 속에 깊이 새겨졌을 뿐 아니라 시장에서 독보적인 위치를 구축할 수 있었다.

Just do, do, do it

나이키 역시 음악의 힘을 오랫동안 탁월하게 활용해 온 브랜드로 손꼽힌다. 음악과 운동은 두말한 나위 없는 환상의 궁합이다. 의심이 난다면 동네 헬스 클럽으로 가보라. 그리고 이어폰을 낀 채 운동하고 있는 사람들의 수를 세어보라. 이어폰 없는 사람을 찾기 힘들 것이다. 나이키 직원들은 스스로도 운동을 열심히 하는 사람들이기 때문에 활동적이고 건강에 민감한 타깃 소비자들 사이에서 음악이 얼마나 큰 힘을 발휘하는지 잘 알고 있다. 하지만 나이키의 차별성은 모든 브랜딩 활동에서 음악이 얼마나 핵심적인 역할을 하고 있느냐에서 찾을수 있다. 인기 있는 나이키+테크놀로지를 애플 아이튠스와 제휴하여, 고객들이 힙합 그룹 드라소울^{De La Soul}에서부터 락 그룹 하이브스^{The Hives}까지 다양한 아티스트의 음악을 스포츠음악으로 다운로드할 수 있게 했다. 한걸음 더 나아가 나이키는 유명 운동선수들이 직접 디자인하고 나레이션 작업한 스포츠음악 믹스를 제작해 운동을 망설이는 소비자들에게 운동에 대한 또 다른 동기를 부여했다. 또한 나이키+디지털 플랫폼은 소비자들이 직접 제작한 스포츠음악 믹스를 업로드 하여 전 세계 수백만의 나이키 팬들과 공유할 수 있는 장을 마련해주고 있다.

트랙 9. 뮤직 브랜딩이란?

앞서 살펴본 바와 같이 광고에 음악이 등장하는 것은 전혀 새로울 것이 없다. 그렇다면 뮤직 브랜딩은 무엇이 다른가? 그 답은 오늘날의 일류 브랜드들이 채택한 뮤직 브랜딩의 세계적인 전략적 범위strategic scope에서 찾을 수 있다. 예를 들어 TV광고의 배경음악은 영상 이미지를 보완하기 위한 목적으로 삽입된다. 그렇기 때문에 30초 광고 영상이 끝남과 동시에 음악의 효과도 끝이 난다. 즉 매체와 청자 간의 음악적 관계가 거기서 끝나는 것이다. 하지만 뮤직 브랜딩에서는 음악 그 자체가 커뮤니케이션 매체로서 마케팅 활동의 최전방과 중심에 위치한다. 다시 말해 음악 그 자체로 생명력이 있다는 의미다.

스타벅스, 맥도날드, 코카콜라, 나이키 등의 브랜드들은 자사의 브랜드 경험과 마케팅 커뮤니케이션 상에서 음악과 아티스트가 수행하는 역할을 전략적 차원에서 분명하게 정의하고 있다. 뮤직 브랜딩은 음악이 브랜드의 커뮤니케이션 목표를 달성하는 과정에서 어떤 역할을 수행할 것인가라는 질문에서 시작한다. 그리고 브랜드의 소리를 찾아나가는 과정을 통해 브랜드는 경쟁력을 확보하게 된다.

앞서 언급한 회사들은 뮤직 브랜딩이 고객과의 감성 관계

구축을 위한 콘텐트 제공에 그치는 것이 아님을 알고 있다. 이들은 음악을 그 자체로 독립 매체이자 커뮤니케이션 채널로서 새로운 고객에 다가갈 수 있는 수단으로 인정하고 있다. 이들 브랜드는 스폰서십이나 광고의 형태로 음악·아티스트와 제휴 관계를 맺는 데에서 그치지 않고 한발 더 나아가 브랜드플랫폼을 개발하는 단계로까지 발전했다.

누가 내게 뮤직 브랜딩의 정의를 묻는다면, 나는 '음악이나 아티스트와의 전략적 협업을 통해 브랜드 자산과 경쟁력을 제고하는 것'이라고 답하겠다. 이를 통해 우리는 고객들을 감성적으로 참여시킬 수 있는 좀 더 명확한 경험 기반의 브랜드를 구축할 수 있다.

트랙 10. 트렌드: 음악이 이토록 중요해진 이유

오늘날 뮤직 브랜딩 이니셔티브에 대한 요구는 우연히 생겨난 것이 아니다. 이는 최근 마케팅 업계에 나타난 다섯 가지의 주요 트렌드에 기인한다. 그렇다면 이제부터 뮤직 브랜딩이 다음과 같은 도전과제들을 어떻게 풀어 갈 수 있을지 하나씩 살펴보자.

트렌드 1. 음악은 일상의 사운드트랙으로 자리잡았다

소비자 참여를 매일 소비자들이 맞닥뜨리는 인상(impression)의 총 횟수와 소비되는 콘텐츠의 총량의 합으로 규정한다면, 가장 폭넓게 소비자에게 도달할 수 있는 것이 음악이다. 또한 음악은 오늘날 가장 많이 소비되는 엔터테인먼트 콘텐츠다.

−스티브 야보프스키, 마인드셰어 음악&신생매체 컨설턴트

인터넷이 등장한 이래, 음악은 각양각색의 사람들 사이에서 사회적 상호작용을 돕는 강력한 매체 구실을 해왔다. 냅스터와 파이

럿 베이 등 최근 급부상한 웹사이트와 서비스를 중심으로 전 세계에서 개인들이 좋아하는 음악과 플레이리스트를 쉽게 공유할 수 있는 가상의 커뮤니티가 생겨났다. 과거에는 CD를 구입해야만 들을 수 있던 음악을 갑자기 공짜로 들을 수 있게 되었다. 물론 이러한 서비스들은 엄청난 호응과 함께 매일 수백만 건의 다운로드를 기록했다. 음악은 웹에서 사회적 참여를 위한 촉매제로 자리잡았다. 아이튠스, 판도라Pandora, 스포티파이Spotify, 마이스페이스를 비롯한 음악 사이트들의 엄청난 인기에서 볼 수 있듯이 이러한 트렌드는 수그러들 기미를 보이지 않는다.

MP3플레이어, 휴대폰, 아이폰의 폭발적인 보급으로 우리는 1800년대 한 사람이 평생 동안 들을 수 있었던 노래보다 더 많은 곡들을 호주머니 속에 넣고 다닌다. 진정 음악은 우리 일상의 사운드트랙이 되었다.

이러한 트렌드를 감안할 때 현대 마케터들은 음악이 단순한 엔터테인먼트가 아님을 깨달아야 한다. 음악은 TV나 라디오 광고에 단순히 양념 정도로 들어가는 재료가 아니다. 음악이 지닌 브랜딩 잠재력을 발휘하기 위해서는 음악을 TV나 인쇄광고처럼 그 자체로 하나의 독립적인 매체이자 독립적인 커뮤니케이션 채널로 취급해야 한다. 우리가 적극적이든 수동적이든 하루 동안 경험하게 되는 음악 횟수를 생각해보면, 음악

이야말로 우리 일상에 가장 널리 퍼져있지만 가장 간과되어 온 잠재적 마케팅 툴이라 하겠다.

'그럴듯한데?'라고 생각할지 모르겠다. 하지만 음악이 가진 브랜딩 잠재력을 활용하기 위해 당신의 회사는 정확히 무엇을 해야 하는가? 음악을 통해 고객을 영원한 팬으로 만들려면 어떤 단계를 밟아야 하는가? 다음 장에서 이 질문들에 대한 답을 제시해보겠다.

디지털 기술 보급으로 음악은 우리 삶 곳곳에 자리잡게 되었다. 우리의 과제는 브랜드 마케팅 목표 달성을 위해 음악을 하나의 독립적인 미디어 채널로서 어떻게 활용할 것인가이다.

트렌드 2. 소비자에 도달하기가 갈수록 어려워진다

관심의 가장 중요한 기능은 정보를 받아들이는 것이 아니라 필요한 정보를 가려내는 데 있다.

－토마스 H. 데이븐포트 & 존 C. 벡,

『관심의 경제학(The Attention Economy)』

도쿄에 갈 때마다 나는 꼭 시간을 내어 빠찡코 홀에 들른다. 문을 열고 들어서자마자 알람, 부저, 휘파람, 벨소리를 비롯한 온갖 시끄러운 소리들이 나를 반긴다. 고막을 찢을 듯한 데시벨로 쿵쾅대는 일본 테크노 뮤직은 빠찡코 기계가 만들어내는 불협화음을 한층 더 가중시킨다. 당신은 홀 안을 가득 메운 조명과 소음 때문에 게임에 과연 집중이 될까 의아해할지 모르겠다. 하지만 정작 신기한 것은 오히려 그 반대라는 것이다. 기계 앞에 조용히 자리잡은 고객들은 슬롯에 끊임없이 동전을 집어 넣으며 하나같이 게임에 집중하고 있다. 마치 주변의 모든 소음들이 그들의 귀에는 들리지 않는 것처럼. ▶

오늘날의 시장은 아수라장 같은 빠찡코 홀을 연상케 한다. 광고업자들은 사람들의 관심을 끌기 위해 고래고래 소리를 높이지만 어찌된 일인지 사람들의 관심은 점점 더 멀어져 간다. 왜일까? 일단 현대를 살아가는 한 개인이 하루에 처리해야 하는 정보의 양이 어마어마하다는 것이다. 일례로, 우리가 흔히 읽는 일요일자 신문에는 1800년대 한 사람이 평생에 걸쳐 읽은 것보다 많은 양의 정보가 실린다. 우편 배달원에게 한번 물어보라. 미국에만 1만 8천 종류의 잡지와 150억 개 카탈로그

▶ www.soundslikebranding.com에서 동영상을 볼 수 있다.

앨범 3

가 유통되고 있다.

이렇게 노출되는 정보의 양은 계속해서 늘어나는 반면 우리가 그것을 소화할 수 있는 능력은 갈수록 떨어지고 있다. 연구 결과에 따르면 1960년대 개인이 자신이 본 전체 광고 중 기억하는 비율이 평균 약 34%이었으나 오늘날 이 수치는 8% 미만으로 감소했다. 1960년대에는 60초짜리 분량의 광고를 3회 내보내면 18~49세 사이의 미국인 80%에 도달할 수 있었다. 하지만 현재 동일한 결과를 내기 위해서는 황금시간대 TV광고를 117회 내보내야 한다. 닐슨Nielsen 연구에 따르면 현대인 중 대다수가 매일 끊임없이 접하는 광고 메시지 중 두 개 정도만을 기억한다고 한다. 더욱 심각한 것은 우리가 접하는 정보와 광고의 양은 기하급수적으로 증가하는 반면 우리가 기억하는 것은 갈수록 감소하고 있다는 점이다. 결론적으로 마케팅 투자 수익률은 계속해서 하향곡선을 그리고 있다.

주의력 결핍의 시대에 마케팅 성공의 열쇠는 일관성과 브랜드 차별화를 통해 고객들의 마음 속에 독보적 위치를 구축하는 데 있다.

트렌드 3. 마케팅에서 감성이 더욱 더 중요해졌다

결국…우리 모두는 인간이다. 결국 다 비슷비슷하다.

—다프트 펑크, 〈Human After All〉

소비자 행태 연구에 따르면 대다수 사람들은 2.5초 내에 구매 결정을 내린다고 한다. 종종 우리는 이성적으로 설명할 수 없는 결정을 내린다. 결정의 순간이 올 때마다, 우리 뇌에서는 이성과 감성이 신경학적 테니스 매치를 벌인다. 충동적인 욕구가 왔다갔다를 반복하다 마침내 최종 결정이 내려진다. 이러한 줄다리기는 우리가 배우자를 선택할 때도, 치약 하나를 고를 때도 동일하게 반복된다(물론 치약보다는 배우자를 결정할 때 좀 더 신중을 기할 것을 당부한다).

우리는 뭔가를 사기에 앞서 구매 행위를 정당화할 이유를 찾으려는 경향이 있다. 하지만 선택의 순간에 맞닥뜨리면 우리의 결정은 감정에 의해 좌지우지되는 경우가 많다. 믿기지 않는다면 동네 자동차 대리점에 가서 자신을 시험해 보라. 차를 사는 것은 소비자로서 할 수 있는 가장 큰 액수의 구매행위 중 하나다. 차를 구입하기 전에 사람들은 신차 모델 카탈로그를 읽고 충돌테스트 등급을 체크하는 등 이성적인 인간으로서 할 수 있는 모든 준비를 한다. 하지만 대리점에 들어서는 순간 모든 것은 변한다. 자신이 꿈에 그리던 바로 그 차에 눈이 꽂힌다. 순식간에 그 차와 사랑에 빠진 사람에게 이성적 사고란 이미 없다. 우리는 자기 자신을 객관적인 결정을 내리는 이성적 존재라고 생각하고 싶어하지만, 정작 우리는 정반대로 행동하는 경우가 많다.

다음에 식료품 매장에 가게 되면 자신의 행동을 관찰해 보라. 당신은 인지도는 떨어지지만 비교적 저렴한 상품과 인지도는 높지만 더 비싼 상품이 성분 면에서 동일하다는 사실을 이미 잘 알고 있다. 그러나 막상 선택의 순간이 다가오면 무엇이 더 합리적인 선택인 줄 머리로는 알지만, 자신도 모르게 감성적으로 더 긍정적인 연상효과를 가진 물건을 무심코 집어든 당신의 모습을 목격할것이다. 그러고는 상점을 나서면서 평소에는 그토록 이성적인 자신이 왜 물건을 살 때는 감정에 휩쓸리게 되는지 고개를 갸웃거리게 된다.

구매 시 많은 사람들이 이성이 아닌 감정에 따라 결정을 내리기 때문에 브랜드와 고객 간에 강력하고 긍정적 유대관계를 구축하는 것이 무엇보다 중요하다.

트렌드 4. 브랜드는 곧 경험이다

브랜드는 자신을 구별해주는 수단일 뿐 아니라, 가장 강력한 경험 제공자의 역할을 한다.

-번트 슈미트, 『경험 마케팅(Experiential Marketing)』

'경험 경제experience economy'라는 단어는 10년 전 「하버드 비즈니스 리뷰」에 실린 '경험산업에 오신 것을 환영합니다Welcome to Experience Industry'라는 제목의 논문에서 조지프 파인과 제임스 길모어에 의해 처음 사용되었다. 이어서 출판된 『경험 경제학The Experience Economy』이라는 책에서 저자는 미래에는 상품과 서비스만이 아닌 경험을 만들어 팔 수 있는 기업이 성공한다고 주장했다. 십여 년이 흐른 지금, 파인과 길모어의 이론은 정확히 맞아떨어졌다.

스타벅스는 분명 경험 브랜딩experience branding에 대해 한 수 배울 수 있는 기업이다. 솔직히 말해보자. 스타벅스의 눈부신 성공의 비결 중 이들이 컵에 따라 주는 커피가 차지하는 비중은 극히 일부에 불과하다. 진정한 의미에서 스타벅스가 파는 것은 매장 실내장식에서부터 음악, 신선한 커피향 등 이 모든 것으로 구성된 스타벅스만의 신비로운 분위기다. 매장 문을 여는 그 순간 사람들은 뭔가 교양 있고 세련되면서도 모험적인 분위기를 느끼게 되는 것이다. 스타벅스가 제공하는 브랜드 경험은 사람들이 원하는 바로 그 느낌들을 강화시켜준다. 그리고 스타벅스의 놀랄 만한 매출규모는 사람들이 이러한 느낌을 위해 프리미엄 가격을 기꺼이 지불할 용의가 있음을 보여준다.

조지프 파인은 '기업이 고객의 감성적인 참여를 이끌어낸다는 분명한 의도를 가지고 서비스를 그 무대로, 상품을 수단으로 활용할 때…' 브랜드는 비로소 경험을 창출해 낼 수 있다고 말한다. 잊지 못할 경험을 고객들에게 제공함으로써 브랜드에 대한 바람직한 연상효과를 불러 일으키게 하는 것이 목표다. '스토리텔링storytelling'은 강력한 브랜드 경험을 만들어 내는 필수 요소 중 하나다. 스토리텔링은 고객이 쉽게 기억하고 퍼트릴 수 있을 만한 스토리를 중심으로 경험을 구축하게 하는 것이다. 그 스토리가 사실이면 가장 좋지만 반드시 그럴 필요는 없다. 회사의 역사와 어떤 식으로든 연결될 수 있는 것이면 충분하다.

오늘날의 브랜딩은 좀 더 총체적인 접근이 필요하다. 즉 그 브랜드를 감각 전체에 어필하는 접근법이 필요하다는 말이다. 브랜드 경험이 우리의 시각, 후각, 미각, 청각, 촉각 전체에 영향을 주는 것일수록 더욱 강력한 감성적 영향력을 발휘하게 된다.

이러한 감각적 요소들을 가장 강력한 방식으로 묶어낼 수 있는
브랜드가 고객의 삶 속 가장 깊숙이 새겨지게 될 것이다.

수만 가지 상품들 간의 차별점을 찾을 수 없는 오늘날 시장에서 브랜드 차
별화와 가격 프리미엄을 누리기 위해서는 브랜드 경험을 강화하는 것이 매
우 중요하다.

트렌드 5. 오늘날의 마케팅은 대화다

기술이 언론의 권력을 이동시키고 있다. 이제 주도권은 편집자, 출
판업자, 기존 매체, 미디어 전문가가 아닌 대중의 손에 있다.

−루퍼트 머독

오늘날 비즈니스 세계에서 권력의 이동이 진행 중임은 의심
의 여지가 없다. 컴퓨터 기술을 통해 사람들은 과거 어느 때보
다 많은 정보를 접하고, 세계 곳곳에 존재하는 다른 사람들과
긴밀히 연결되어 있다. 과거 기업이 제공하는 것을 수동적으로
받아들이기만 했던 소비자들은 이제 자신들의 목소리를 내고
싶어한다. 이들은 직접적이든 간접적이든 생산과정에 참여하

기를 원한다.

마샬 맥루한과 배링턴 네비트는 이러한 트렌드를 이미 30년 전 예견했다. 이들은 기술로 인해 일반대중이 소비자에서 생산자로 점차 변화할 것이라고 말했다. 저명한 미래학자 앨빈 토플러는 한발 더 나아가 언젠가는 우리 모두가 소비자인 동시에 생산자를 의미하는 '프로슈머prosumer'가 될 것이라고 말했다.

최근 디지털 기술 발전에 힘입어 토플러의 가설은 이제 현실이 되었다. 우리는 가장 많이 상호작용을 하는 브랜드의 공동 생산자co-producer가 될 수 있다. 이러한 맥락에서 마케팅 커뮤니케이션은 이제 더 이상 일방통행이 되어서는 안 된다. 블로그, 이메일, 유튜브, 채팅, SNS 등의 채널을 통해 소비자들은 자신의 목소리를 높이고 전례 없는 영향력을 행사할 수 있게 되었다. '입소문word of mouth'의 힘은 과거에는 친한 친구나 가족에 한정됐지만 지금은 수천 명에 이르는 생면부지의 사람들 사이에도 퍼질 수 있게 되었다. 여기서 좋은 소식은 자신이 브랜드의 일원이 됐다고 느끼는 순간부터 소비자들은 그 브랜드의 열렬한 지지자이자 팬이 될 가능성이 높다는 것이다.

소비자와 기업 간에 맺어진 이러한 협력 관계는 기업의 마케팅 방식에 이미 영향을 미치고 있다. 성공적인 브랜드를 만들려면 기업은 반드시 고객을 마케팅 대화marketing conversation에 참여시켜야 한다. 좋은 예가 세계 최대 전자상거래업체인 아마존이다. 아마존은 자사 홈페이지에 고객 의견, 서평, 콘텐츠 추가 등 다양한 방식으로 고객의 참여를 독려한다. 아마존이 가장 높은 고객확보율과 재구매율을 자랑하는 것은 당연한 일이다.

'공동창조^{co-creation},' '크라우드 서핑^{crowd-surfing}' 등의 개념 또한 기업과 고객 간의 경계를 허물고 있다. 이러한 마케팅 방식은 문자 그대로 고객을 상품의 실제 개발과 진화 과정에 참여시키는 협업을 의미한다. 좋은 예로, 나이키는 고객을 대상으로 새로운 나이키 에어포스원 운동화에 대한 디자인 공모전을 열었다. 고객들이 제출한 디자인 안들을 나이키 사이트에 게시한 후 고객들에게 마음에 드는 디자인에 투표하게 했다. 나이키는 득표수가 가장 높은 디자인을 실제 운동화로 제작해 디자인 창안자에게 증정했다. 그 고객은 NBA 계약 없이도 이 영광의 주인공이 될 수 있었다.

날로 발전하는 디지털 세상에서 브랜드의 성공은 고객과의 대화에 달려 있다. 고객 참여도가 높은 브랜드일수록 그 브랜드의 고객은 열렬한 지지자로서 긍정적인 구전효과를 창출할 것이다.

트랙 11. 4E

4P: 재교육 과정

마케팅 수업을 받아본 사람이라면 마케팅의 '4P'를 한 번쯤 들어봤을 것이다. 1960년대 미시간주립대학 제롬 매카시 교수가 창안한 이 모델에 따르면 마케팅 전략은 4P, 즉 제품product, 가격price, 유통placement, 판촉promotion으로 구성된다. '마케팅 믹스marketing mix'라고도 불리는 이 네 가지 요소는 기업의 상품 또는 이미지를 시장에 포지셔닝positioning하는 과정에서 조금씩 조정될 수 있다. 물론 오해하지는 마시라. 4P는 오늘날의 마케팅에서도 매우 유용한 모델이다. 하지만 몇 가지 태생적 한계를 지적하지 않을 수 없다. 특히, 지금과 같이 포화된 시장에서 기업이 상품 또는 서비스 자체의 편익만으로는 소비자의 주목을 끌기가 더욱 힘들어지고 있기 때문이다.

　이러한 시장환경은 브랜딩의 효과를 더욱 더 부각시킨다. 현대 마케팅은 고객의 의식 속에 긍정적으로 포지셔닝할 수 있는가가 성공의 성패를 가른다. 소비자의 마음 속에 차별화된exclusive 브랜드로 자리잡기 위해 기업은 고객과 감성적으로emotionally 연결되어야 하고, 소비자가 적극적으로 참여하는engaging 쌍방향 대화를 이끌어내고, 브랜드 경험experience을 구축해야 한다. 물론 4P는 지금도 여전히 유효하다. 그러나 이제 좀 더 인간적인 요소를 추가할 시점이 되었다.

4P에서와 마찬가지로 4E 모델이 최상의 결과를 도출하기 위해서는 각 요소를 적절하게 조합할 필요가 있다. 음악의 역할과 각 'E'를 어떤 비율로 조합할 것인가는 회사의 사업방식, 타깃 고객, 제공하는 상품·서비스의 유형 등에 따라 달라진다. 소매상점 비중이 큰 회사의 경우 브랜드 경험을 강화하는 것이 우선순위가 될 수 있다. 반면 전자상거래 비중이 큰 회사는 브랜드 참여를 제고하는 것이 더 중요한 과제일 것이다. 이제부터 음악을 전략적으로 활용함으로써 4E를 강화하고 나아가 브랜드 자산을 공고히 할 수 있는 방법을 살펴보자.

4E

E1. 감성^{Emotion}, 음악은 감성적 연대를 만든다

시장에 경쟁사들이 없다면 마케팅은 식은죽 먹기일 것이다. 안타깝게도 오늘날 이런 호사를 누리는 기업은 찾아볼 수 없다. 대다수의 기업은 성숙된 시장^{mature market}에서 조금씩 증가하는 마켓셰어^{market share}를 두고 이미 자리잡은 경쟁사들과 피 튀기는 경쟁을 해야 한다. 이런 상황에서 소비자가 특정 상품이나 브랜드에 대해 갖게 되는 주관적 느낌은 기업의 성패를 가르는 결정적인 요인이 될 수 있다. 고객과의 감성적 관계를 구축하는 것이 브랜드의 우선순위가 되어야 하는 이유이기도 하다. 그리고 여기에는 음악만한 수단이 없다. 우리는 2장에서 음악이란 곧 감정의 소통이라는 명제와, 음악이 우리 정서에 미치는 심오한 영향에 대해 논의하였다. 영화 사운드트랙이 우리에게 스토리에 대한 정서적인 공감을 형성하듯이, 마케터들은 음악을 전략적으로 활용하여 브랜드가 가진 감성적 요소를 어필함으로써 고객과의 관계를 심화시킬 수 있다.

　　세계적인 진 브랜드 리바이스는 오래 전부터 음악을 전략적으로 잘 활용해왔다. 1980년대 중반부터 리바이스는 음악을 통해 핵심 소비자층과 감성적 연결을 시도하고 문화적 연관성을 강화시켜왔다(리바이스의 전통적인 TV광고에 더 클래쉬^{The Clash}의 〈Should I Stay or Should I Go〉와 최근 광고에 섀기^{Shaggy}의 〈Boombastic〉이 삽입된 것을 기억하는가?).

최근 리바이스는 뮤직 브랜딩 이니셔티브의 일환으로 뮤직·라이프스타일 매거진 「페이더Fader」와 함께 텍사스 오스틴에서 열린 '사우스 바이 사우스웨스트 페스티벌South by Southwest (SXSW) festival'에서 대규모 라이브 뮤직 행사 '리바이스/페이더 포트Levi's/FADER Fort'를 진행한 바 있다. 이 '머스트씨must-see' 이벤트에는 음악, 예술, 문화 부문에서 내로라 하는 아티스트들과 연주자들이 대거 참여했다. 세계적인 아이콘 브랜드 리바이스와 음악은 언제나 딱 맞아떨어지는 궁합이 아닐 수 없다.

E2. 경험Experience, 음악은 경험을 만든다

1930년대 엘리베이터 배경음악이 등장한 이래 음악은 진화를 거듭해왔다. 이제는 음악은 매장 경험에서 가장 중요한 요소로 자리매김했다. 오늘날 수많은 카페, 호텔, 의류체인들이 서비스 제공자에서 경험 제공자로 탈바꿈하고 있으며 그 수는 빠르게 증가하고 있다. 구매 시점에 음악을 통한 독특한 경험을 제공함으로써 소매점들은 재구매율과 매출 증가를 기대할 수 있다. 음악은 고객들이 매장에 머무는 시간을 늘림으로써 원래 계획했던 것 이상으로 물건을 구매하게 할 수 있다. 엄선된 음악을 틀어주기 위한 자체 매장 전용 스트리밍 서비스가 늘어나는 것은 새삼 놀랍지 않다. 효과는 여기서 그치지 않는다. 브랜드는 매장음악을 판매함으로써 새로운 수입원을 창출하고, 고객이 매장을 떠난 후에도 고객의 머릿속에 오랫동안 남아 있을 수 있다.

미국 패션업체 아베크롬비 앤 피치Abercrombie & Fitch는 독특한 음악 경험을 통해 브랜드 파워를 강화한 교과서 같은 예다. 당신이 아무리 의지가 강하다 해도 아베크롬비 앤 피치 매장을 그냥 지나치기란 불가능하다. 매장 문을 여는 순간 당신은 집어삼킬 듯 다가오는 음악에 완전히 압도될 것이다. 매장에 울려 퍼지는 음악은 이 브랜드의 젊고 저돌적이면서도 마치 미국 사립학교와 같은 이미지를 강화시켜준다. 시즌별로 업데이트되는 플레이리스트를 통해 그곳이 보스톤이든 코펜하겐이든 상관없이 고객은 동일한 음악을 들을 수 있다. 이런 식의 일관성 있는 아베크롬비 앤 피치 경험은 고객으로 하여금 매장을 다시 찾게 만들고 있다.

E3. 참여Engagement, 음악은 고객을 참여시킨다

앞서 언급한대로, 마케팅에서 고객과 의미 있고 지속 가능한 대화 채널을 구축하는 것은 오늘날 무엇보다도 중요하다. 그리고 대화를 여는 데 음악만한 것이 없다. 페이스북, 마이스페이스, 트위터 등 SNS나 마이크로블로그microblog가 브랜드 마케팅 플랫폼으로서 차지하는 비중은 점점 더 커져간다. 하지만 이 새로운 마케팅 대화에 앞다퉈 합류한 수많은 브랜드들은 과거의 법칙이 더 이상 적용되지 않음을 이내 실감하게 된다.

새로운 디지털 플랫폼에서 전통적인 광고 방식들은 예전과 같은 효과를 내지 못한다. 예를 들어, 배너 조회수는 통상적으로 노출빈도의 1% 미만에 그친다. 이렇게 저조한 이유는 뭘까? 대답은 간단하다. SNS 사이트들은 원래가 마케팅 플랫폼으로 제작된 공간이 아니라는 것이다. 이들 사이트는 사람들이 자유롭게 모여 서로 이야기하기 위한 공간이다. 그렇기 때문에 그들의 대화에 끼고 싶으면 뭔가 가치 있는 것을 가져와야 한다. 그렇다면 많은 사람들이 좋아하고 진정 가치 있게 여기는 것을 가지고 이 채널들을 열어보는 것은 어떨까? 바로 음악 같은 것 말이다.

엔터테인먼트미디어리서치의 조사 결과에 따르면 SNS 사이트를 돌아다니는 사람들의 40%가 음악을 찾고 음악에 대해 이야기하는 것이 목적이라고 응답했다. 인터넷이 보급된 이래 냅스터, 파이럿 베이, 라스트에프엠 등의 뮤직 플랫폼은 가장 많은 방문자수를 기록하는 웹사이트가 되었다. 음악이나 아티스트를 통해 브랜드는 좀 더 신뢰감을 주면서 대화에 접근할 수 있는 전략적 기회를 만들어 낼 수 있다. 음악을 통한 대화접근법을 럼 브랜드인 바카디Bacardi의 예를 통해 살펴보자.

2008년 바카디는 영국 댄스 듀오 그루브 아마다Groove Armada(자세한 내용은 149페이지 참조)와 한정판 음반 녹음을 포함한 전략적 제휴관계를 맺는다. 그리고 제작된 트랙은 전통적인 CD형식이 아닌 'B라이브 셰어B-Live Share'라는 디지털 플랫폼으로 무료로 제공되었다. 단, 여기에는 조건이 있었다. 이 한정판 트랙을 듣기 위해 고객은 이것을 친구 한 명에게 추천해야 한다는 조건이었다. 음악이라는 인센티브를 통해 만들어진 입소문은 '브랜드 참여brand engagement'를 확대시켜 전 세계 사람들에게 음악이 퍼질 수 있게 했다. 이 전달 과정에서 사람들은 밴드뿐 아니라 바카디라는 브랜드에 대해서도 이야기하기 시작했다. 이 음악이 어떤 기업이 아닌 그루브 아마다 팬들에 의해 전달되었기 때문에 바카디는 전통적인 광고를 통해서는 누릴 수 없었던 신뢰를 얻을 수 있었다.

E4. 차별화Exclusivity, 음악은 브랜드에 특별한 느낌을 준다

사람들이 자신이 듣는 음악을 통해 정체성을 표현하듯이, 기업도 자사의 이미지에 부합하는 음악을 마케팅 믹스에 추가함으로써 기업 정체성을 표현할 수 있다. 도쿄의 정신 없는 빠찡코 홀과 같은 오늘날의 마케팅 환경에서, 브랜드가 경쟁사와의 차별화를 꾀할 수 있는 시간은 찰나에 불과하다. 그렇기 때문에 브랜드가 마케팅 과정에서 브랜드의 명확성과 일관성을 유지하는 것이 중요하다.

그렇다고 이것은 옆 사람보다 더 크게 소리 지르라는 말은 아니다. 고객의 마음과 생각 그리고 라이프스타일을 정확하게 관통하는 메시지를 전달하라는 것이다. 사실 당신의 브랜드는 이미 어떠한 소리를 가지고 있다. 의도한 것이든 아니든 또는 원한 것이든 아니든, 그것은 모두 별개의 문제다. 오늘날의 브랜드들은 음악으로 자신만의 독특한 톤tone을 규정해야 한다. 그리고 이 책에서 던지고 있는 '당신의 브랜드는 어떤 소리인가?'라는 중요한 질문에 답해야 한다.

솔직하게 말해보자. 대다수 회사들과 브랜드 매니저들은 청각적인 것보다 시각적인 브랜드 아이덴티티에 대해 이야기할 때 더 마음이 편하다. 올바른 브랜드 메시지와 톤을 고객에 전달하기 위해 브랜드들은 로고와 그래픽 모양, 디자인에 엄청난 투자를 한다. 이와 동일한 수준의 관심과 정성이 뮤직 아이덴티티를 정립하는 데에도 필요하다. 브랜드의 사운드를 정하고 차별화하는 과정을 통해 당신의 브랜드는 새로운 개성을 덧입게 되고, 온갖 소음을 뚫고 고객의 귀에 들리는 특권을 누리게 될 것이다. 헤리어트와트 대학의 아드리안 노스 박사의 연구에 따르면, 뮤직 브랜딩 전략을 확립한 기업이 뮤직이 전혀 없거나 브랜드와 잘 맞지 않는 뮤직을 사용하는 기업에 비해 소비자가 기억할 확률이 96%나 더 높은 것으로 나타났다.

시각을 통한 것이든 청각을 통한 것이든 고객과의 커뮤니케이션의 핵심은 통일성과 일관성에 있다.

레이디 가가의 4E

세계적인 팝 아이콘 레이디 가가^{Lady Gaga}는 4E의 위력을 보여주는 산 증인이다. 이는 그녀가 단순한 가수가 아닌 브랜드 그 자체이기 때문이다. 레이디 가가는 감성, 경험, 참여, 차별화를 통해 자신을 마케팅하는 데 천부적인 재능을 지녔다.

레이디 가가는 자신의 팝 뮤직을 통해 청중과 정서적인 유대관계를 구축한다. 이러한 관계는 그녀의 모든 기행을 설명하는 맥락을 제공한다. 또한 레이디 가가는 매우 독창적인 퍼포먼스 아티스트로서 그녀가 제작한 비디오와 콘서트는 팬들에게 평생 잊지 못할 경험을 제공한다. 그녀의 파격적인 개성과 기행은 언제나 화제를 불러 일으키며 팬들과 블로그 공간을 뜨

겁게 달구고 있다. 무엇보다 레이디 가가는 독특한 예술적 정체성을 가진 매우 별난 개성의 소유자(그녀가 '괴짜'라는 말은 아니다!)로서 청중의 마음 한 구석을 '소유owning' 한다.

레이디 가가의 인기가 단지 그녀의 목소리 때문만일까? 아마도 아닐 것이다. 때로는 상품 자체보다 브랜드가 더 중요한 법이니까.

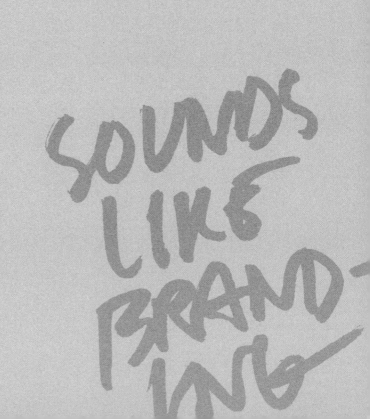

음악의 작용 원리:
전략적인 음악 접근법

"(인터넷과 TV가 등장하기 전 시대에) 세상에서 없어서는 안 되는 것으로

사람들이 가장 많이 꼽은 미디어는 음악이었다."

—밀워드 브라운, 브랜드 에이엠피 스터디(Brand Amp Study)

SOUNDS LIKE BRAND-ING

어느 봄날 저녁, 파리 쉐자네트에서

파리의 어느 따스한 봄날 저녁, 나는 '쉐자네트(Chez Jeanette)'라는 바에서 친구와 지인들과 함께 먹고 마시며 즐겁게 대화를 나누는 중이었다. 그러던 중 그 모임의 호스트인 스웨덴 출신의 건축가 한 명이 건축과 음악의 공통점을 화두로 던졌다. 우리는 그때부터 각자의 경험담과 생각을 나누면서 새벽이 밝도록 그 주제를 놓고 토론을 이어갔다. 그날 밤 오간 수많은 이야기 중, 누군가가 인용한 극작가이자 철학자 요한 괴테의 말이 내 마음에 콕 박혔다.

'건축은 냉동상태의 음악이다.'

음악은 각자의 취향과, 각자가 자신과 세상을 바라보는 관점에 따라 달라질 수 있는 매우 주관적인 영역이다. 이것이 음악이 엄청난 감성적 호소력을 갖는 이유다. 그럼에도 오늘날 대다수 기업이 음악에 제대로 된 관심과 투자를 하지 못하고 있는 것은 매우 안타까운 현실이다. 그 예는 곳곳에서 찾을 수 있다. 음악보다는 칵테일 믹싱에 더 능숙한 바텐더가 바에서 틀어줄 음악을 선곡한다. 광고회사 크리에이티브 디렉터가 마침 자신의 아이팟에 들어 있는 음악 중에서 광고 삽입곡을 고른다. 마케팅 매니저가 브랜드 제휴를 위한 아티스트를 결정한다. 오해는 하지 마시라. 나는 이들의 음악적 취향을 무시하지는 않는다. 그렇지만 뮤직 브랜딩이 가진 잠재력을 십분 발휘하기 위해서는 집중적인 관심과 전문가의 도움이 반드시 필요하다.

건축가에게 스케치와 평면도, 건축에 대한 이론적 바탕이 필요하듯이 뮤직 브랜딩 프로그램 역시 몇 가지 기본 원칙이 요구된다. 이 때 중요한 것은 자신의 개인적인 취향은 한편으로 미뤄둬야 한다는 점이다. 대신 건축가의 안경을 쓰고 음악과 사운드를 브랜드 커뮤니케이션이라는 궁극적인 목표 달성을 위한 한 장 한 장의 블록으로 생각해야 한다. 어떤 뮤직 브랜딩 프로그램을 선택하든지 간에 항상 타깃 그룹에 대한 통찰과 세워진 커뮤니케이션 목적을 기준으로 의사를 결정하라. 그리고 주인공은 당신이 아니라 고객임을 늘 기억하라.

트랙 12. 음악을 통한 전략적 마케팅

고도 포화상태인 현재의 시장환경에서 마케팅의 초점은 4P에서 4E로 이동하고 있다. 이와 함께 음악에 대한 전략적 접근을 최우선 과제로 삼는 브랜드의 수가 점차 늘고 있다. 이제 브랜드들은 음악을 잠시 스치는 유행이나 단순한 전술적 요소로 취급해서는 성공할 수 없다는 사실을 잘 안다. 마침내 음악이 브랜딩의 핵심 요소로 자리잡게 된 것이다.

10년 전만 해도 마케터들의 가장 큰 고민은 TV나 라디오 광고에 어떤 음악을 삽입할 것인가에 한정되었다. 하지만 지금 이들의 초점은 브랜드 자체의 사운드가 무엇이며, 브랜드 커뮤니케이션 목표를 달성하는 데 음악과 아티스트가 어떤 역할을 할 것인가에 맞춰져 있다. 물론 회사마다 추구하는 커뮤니케이션 목표는 다 다르다. 좀 더 젊은 소비자층에게 어필하는 것, 좀 더 명확한 브랜드 아이덴티티를 구축하는 것, 또는 새로운 SNS 플랫폼에서 고객에 도달하는 것 등. 구체적인 목표가 무엇이 됐든 간에 성공적인 뮤직 브랜딩 전략은 브랜드 자산과 충성도 제고라는 공통의 목적을 달성해야 한다. 아커의 모델을 통해 4가지 영역에서 뮤직 브랜딩이 가지는 가치를 파악해보자.

- **브랜드 인지도 제고:** 음악 전략은 브랜드가 제휴한 음악 또는 아티스트를 주제로 한 대화에 고객들을 참여시킴으로써 브랜드에 대한 관심과 인지도를 높이는 데 기여한다.
- **바람직한 브랜드 연상효과 창출:** 브랜드에 따르는 모든 긍정적·부정적 연상들은 그 브랜드에 대한 인식에 영향을 미친다. 음악과 아티스트를 전략적으로 활용함으로써 브랜드에 대한 '올바른' 연상효과를 창출할 수 있다.

- **품질 경험 향상:** 고객은 브랜드 경험, 성능, 고객 서비스 등 여러 요소를 토대로 브랜드에 대한 전체적인 인식을 형성하게 된다. 브랜드와 아티스트·음악 간의 적절한 제휴는 브랜드 품질에 대한 타깃 그룹의 인식을 향상시킬 수 있다.

- **브랜드 충성도 구축:** 고객 충성도는 기존 고객의 재구매율을 증가시켜 마케팅 비용 절감효과를 불러온다. 음악 전략을 통해 브랜드는 고객들과 결코 끊을 수 없는 강력한 감성적 유대관계를 형성할 수 있다.

음악의 계단

브랜드가 고민해야 할 가장 중요한 질문은 음악을 사용할지 여부가 아니라 과연 그 음악을 어떻게 사용할 것인가이다. 하트비츠인터내셔널팀과 함께 개발한 4단계 '음악의 계단Music Stairway'을 통해 브랜드가 음악을 전략적으로 사용할 수 있는 가장 유용한 방법을 설명하고자 한다.

현재 대다수 브랜드는 1단계에 머물러 있다. 1단계의 특징은 음악을 무의식적으로 사용한다는 것이다. 즉 내키는 대로, 즉흥적으로 음악에 접근한다는 의미다. 직원이나 스태프가 임의로 매장 음악을 선택하는 것이 한 예다. 이렇게 일관성이 결여된 음악을 경험한 고객들은 브랜드에 대해 혼란스러운 느낌만을 갖게 될 뿐이다.

2단계는 음악을 의식적으로 사용하는 단계다. 이 단계에 있는 브랜드들은 신중하게 선택한 가치를 토대로 브랜드의 사운드를 정립함으로써 자체적인 음악 아이덴티티를 개발해둔 상태다. 이 단계의 브랜드들은 대개 사운드 로고나 테마송을 가지고 있다. 2단계에서 음악은 브랜딩의 구성요소로서 전략 툴로 자리를 잡게 된다.

3단계로 진입하면 브랜드는 더욱 적극적인 방식으로 음악을 활용한다. 이는 음악 중심의 마케팅 캠페인이나 아티스트 제휴 등의 형태로 나타난다. 좋은 예로 하이네켄이 후원한 '그린 룸 세션Green Room Sessions'을 들 수 있다. 라이브 클럽 컨셉의 이 음악축제에는 세계적인 아티스트와 DJ들이 대거 참여한다.

음악의 계단 마지막 4단계는 음악 문화 내에 전략적 플랫폼을 '소유'하는 단계다. 플랫폼을 소유한다는 것은 브랜드가 음악 문화 내에서 성숙하고 신뢰할 수 있는 포지션을 구축한 상태를 의미한다. 레드불 뮤직 아카데미Red Bull Music Academy가 좋은 예다. 에너지음료회사인 레드불은 매년 2주간에 걸쳐 진행되는 뮤직 워크숍을 개최한다. 세계 각지의 유명 DJ와 프로듀서 그리고 저널리스트들이 이 독특한 음악정상회담을 위해 모여든다. 수천 명의 신청자 중 여섯 명만이 레드불 뮤직 아카데미에 들어가는 행운을 누리게 되며, 이들은 작곡에서부터 뮤직 엔지니어링, 뮤직 저널리즘에 이르는 다양한 주제의 워크숍에 참석하게 된다.

이 아카데미를 통해 레드불은 타깃 고객이 참여하고 싶은 탄탄한 문화적 플랫폼을 구축하게 되었다. 뿐만 아니라 매년 이에 따르는 엄청난 PR 효과도 누리고 있다. 하지만 이러한 성공은 하룻밤에 이뤄지지 않았다. 레드불이 레드불 뮤직 아카데미를 시작한 것은 1998년으로, 오늘날 이 아카데미의 성공은 그들의 인내심과 일관성 있는 투자와 노력의 결실이라 할 수 있다.

뮤직 브랜딩을 위한 세 가지 전략

뮤직 브랜딩이란 개념 자체가 비교적 생소한 것이기에 전통적 마케팅과 같이 검증된 모델을 많이 찾기란 쉽지 않다. 좋은 소식은 지금까지 시도된 수백 건의 뮤직 브랜딩 이니셔티브들을 살펴봄으로써 몇 가지 성공 전략을 도출할 수 있다는 점이다.

1. 연상 전략

연상 전략Association Strategy은 브랜드가 특정 스타일의 음악을 지지하는 대사의 역할을 하는 것이다. 이는 브랜드가 타깃 고객의 라이프스타일과 문화의 일부로 가장 자연스럽게 자리잡을 수 있는 방법이기도 하다.

'태그 레코드TAG Records'가 좋은 예인데, 이는 피앤지P&G의 바디 스프레이와 스킨 제품 브랜드인 '태그TAG'가 기획한 뮤직 이니셔티브다. 도시 거주 흑인계 미국인들을 겨냥한 태그는 힙합, 알앤비, 소울 분야에서 가장 영향력 있는 음반사인 데프 잼 레코딩스Def Jam Recordings와의 제휴를 결정한다. 제휴를 통해 태그는 데프 잼 소속 아티스트들에 대한 홍보와 함께 이들을 자사광고, 매장 내 판촉행사, 라이브 이벤트 등 기타 마케팅 활동에 사용하기로 합의했다. 그 대가로 태그는 믿을 만한 방식으로 타깃 그룹의 문화와 라이프스타일로 편입될 수 있었다.

2. 아티스트 제휴

아티스트 제휴Artist Alliance를 통해 브랜드는 제휴 아티스트의 이미지와 그들이 표방하는 가치에 자신을 직접적으로 결부시키게 된다. 이러한 제휴 관계는 대개 계약서상에 명시된 기간 동안 유효하며, 이 기간 중 브랜드는 아티스트의 웹사이트, 콘서트, PR 이벤트 등의 플랫폼을 통해 자유롭게 마케팅 활동을 전개할 수 있다. 물론 아티스트가 전통적 방식의 마케팅 채널인 TV광고, 인쇄광고, 라디오 등에 출연하는 것도 포함한다. 또한 진행 중인 마케팅 캠페인 홍보용 웹사이트를 개설하는 등 회사와 아티스트가 공동 커뮤니케이션 플랫폼을 마련하는 것도 흔히 볼 수 있다.

아티스트 제휴의 예는 어디서나 찾아볼 수 있다. 휴렛팩커드와 그웬 스테파니, 스와로브스키^{Swarovski}와 알앤비 가수 리한나, 영국 휴대폰 통신업체 O2와 프린스 등을 꼽을 수 있겠다. 2007년, 조르지오 아르마니^{Giorgio Armani}는 향수 아르마니 다이아몬드를 대표할 얼굴로 비욘세를 선택했다. 제휴 조건의 하나로 비욘세는 TV광고에서 마를린 먼로의 클래식 〈Diamonds Are A Girl's Best Friend〉를 자신의 버전으로 불러 아르마니의 새로운 향기에 화려함과 우아한 이미지를 부여했다.

앞서 언급한 대로 역사상 가장 성공적인 아티스트 제휴는 바카디 럼과 댄스 듀오 그루브 아마다일 것이다. 과거에도 바카디는 광고에 음악을 사용하긴 했으나 주로 클럽 이벤트나 소규모 DJ 공연에 국한된 것이었다. 하지만 바카디는 전례 없는 새로운 시도로 불꽃 튀는 주류시장 경쟁 속에서 눈부신 성공을 거두게 된다. 바로 밴드와 계약을 체결한 것이다.

2008년 3월 BBC는 세계적인 유명 댄스 듀오 그루브 아마다가 소속사 EMI를 떠나 바카디와 계약을 체결했다는 소식을 보도했다. 이 소식은 음악계를 발칵 뒤집어 놓았고 전 세계적으로 쏟아지는 언론의 조명을 받았다. 이로써 바카디가 공짜로 누린 매스컴 보도 가치는 약 1,500만 달러로 추산된다.

바카디와의 제휴계약에 따라 그루브 아마다는 바카디를 위한 라이브 콘서트, 라디오 쇼, 인터뷰 등에 응할 의무가 주어졌다. 그 뿐 아니라, 그루브 아마다는 바카디 브랜드를 위한 독점 음반을 녹음하기로 합의했다. 바카디는 실질적으로 음반사가 된 것이다. 물론 음반 그 자체를 판매하는 것은 아니었으나 바카디는 음악을 사용해 타깃 시장의 관심을 끌어 모으고 긍정적인 브랜드 연상효과를 창출해 내는 데 성공했다.

✛ 바카디 음악 전략의 성과 (자체 조사결과 참조)

- 응답자 3명 중 1명이 그루브 아마다–바카디 제휴 이후 브랜드에 대해 더 긍정적인 느낌을 갖게 됐다고 응답했다.
  – 고객의 77%가 제휴를 '좋음' 또는 '매우 좋음'으로 평가함.
- 총 매스컴 보도 가치 약 1,500만 달러
- 〈월스트리트저널〉, 〈채널4뉴스〉, 〈마케팅위크〉, 〈BBC라디오원〉 등 신문 및 기타 매체를 통한 보도 효과

3. 발굴

발굴Exploration이라는 형태의 뮤직 이니셔티브에서 브랜드는 고객에게 새로운 음악·예술 경험을 소개하는 안내자 역할을 한다. 브랜드는 보유한 시장 자원을 활용해 고객들이 신인이나 무명 아티스트의 음악을 발견할 수 있는 플랫폼을 제공한다. 또한 브랜드는 TV 광고, 웹사이트, 이벤트 등 기존의 커뮤니케이션 플랫폼을 사용해 아티스트들을 더 많은 청중에게 소개할 수도 있다.

'램프 뮤직Ramp Music'이 좋은 예로, 듀라셀Duracell은 이 컨셉을 활용해 북유럽 고객들의 관심을 다시 한 번 환기시킬 수 있었다. 타깃그룹분석을 실시한 듀라셀은 음악이 타깃그룹에 매우 중요한 요소임이 파악했다. 이어진 심층조사 결과, 신인 뮤지션들이 새로운 청중에 도달하기 위해서는 마케팅 지원이 절실하다는 사실을 알아냈다. 여기에서 착안한 듀라셀은 탤런트 쇼를 개최하기로 결정하고 뮤지션들에게 각자 부른 노래를 듀라셀 웹사이트에 올리게 했다. 그리고 온라인 투표를 통해 가장 높은 득표수를 기록한 아티스트에게 듀라셀 마케팅 채널을 통해 100만 크로네(15만 달러)의 상금과 함께 듀라셀 광고에 출연하는 기회가 주어졌다.

결과는 놀라웠다. 듀라셀은 전도유망한 아티스트들을 도울 수 있었을 뿐 아니라, 브랜드의 핵심 타깃그룹의 관심과 함께 우호적인 매스컴 선전효과도 이끌어 낼 수 있었다. 기존의 광고 매체를 활용한 것이기에 듀라셀은 비교적 적은 투자로 이처럼 큰 효과를 누릴 수 있었다. 이 점에서 듀라셀의 사례는 더욱 눈여겨볼 만하다.

이와 유사한 최근의 사례로 펩시의 마운틴듀를 들 수 있다. 펩시는 '그린 레이블 사운드Green Label Sound'라는 음반사를 설립해 디지털 음원 발매, 이벤트, 콘서트를 통한 신인 아티스트 발굴·지원에 나섰다. 그린 레이블 사운드는 현재 자체 웹사이트뿐 아니라 비메오Vimeo, 유튜브, 트위터 등 모든 소셜미디어를 아우르는 광범위한 플랫폼을 구축하고 있다.

헤네시 코냑

세계최고의 코냑 브랜드인 헤네시Hennessy도 음악·아티스트 제휴의 오랜 역사를 자랑한다. 헤네시가 주최하는 '헤네시 아티스트리Hennessy Artistry'는 전 세계적인 뮤직 캠페인으로서 고객에게 평소 접해보지 못한 색다른 음악 장르를 맛볼 수 있는 기회를 제공하며 인기를 끌고 있다.

2009년 헤네시는 힙합 가수인 커먼Common과 더 루츠The Roots를 헤네시 아티스트리 US투어의 간판스타로 기용했다. 세계적인 뮤직 아티스트 카니예 웨스트와 LL 쿨 J, 그리고 신예 니요Ne-Yo 등과의 제휴를 통해 헤네시는 유행의 첨단을 걷는 도시의 젊은 소비자층을 파고들 수 있었다. 과거 전통적이고 다소 고리타분한 세대의 전유물로 여겨졌던 코냑의 새로운 변신이었다.

이러한 시도는 확실히 효과가 있었다. 이 책의 인쇄 시점을 기준으로, 열화와 같은 성원에 힘입어 헤네시는 다섯 번째 헤네시 아티스트리 시리즈를 기획했다. 과거의 성공에 안주하지 않는 헤네시는 최근 '헤네시 블랙 DJ 믹스마스터Hennessy Black DJ Mixmasters'라는 또 다른 뮤직 이니셔티브를 시작했다. 이것이 뭘까 궁금한 분은 인근 클럽에 문의해보시길.

트랙 13. 당신의 브랜드는 어떤 소리인가?

브랜드 아이덴티티에 부합하는 음악을 사용하는 브랜드는 음악을 아예 쓰지 않거나 어울리지 않는 음악을 사용하는 브랜드에 비해 소비자가 기억할 확률이 96% 더 높다.

−아드리안 노스 & 하그리브스 박사

브랜드는 어떤 소리를 내는가? 물론 이에 대한 답은 시중에 있는 브랜드의 숫자만큼이나 다양할 것이다. 가장 널리 알려진 브랜드 사운드로 맥도날드의 로고송 '따-따-따-라-따, 암 러빙 잇'을 떠올릴 수 있겠다. 그래픽 디자인 브랜드 아이덴티티는 고객이 이를 보는 즉시 브랜드를 시각적으로 인지할 수 있게 한다. 브랜드의 뮤직 아이덴티티 역시 동일한 역할을 한다. 단 여기서는 눈이 아닌 귀로 브랜드를 인식하게 된다.

뮤직 아이덴티티는 소리와 음악(비쥬얼 애플리케이션의 '스타일 가이드'처럼)을 통해 어떻게 커뮤니케이션할 것인가에 관한 룰을 제공하는 역할을 한다. 이를 통해 브랜드의 사운드를 정립하게 된다. 브랜드의 뮤직 아이덴티티는 고객과 상호작용이 이뤄지는 모든 때와 장소에서 사운드 로고, 음악 등의 전략적 툴을 사용함으로써 활성화된다. 효과를 극대화하려면 사전에 정의된 핵심 브랜드 가치와 사용 룰에 부합하는 사운드와 곡들을 선택해야 한다. 오늘날의 다양한 브랜드 숫자만큼이나 마케팅 활동이 전개되는 플랫폼의 수도 계속 증가하는 추세이기 때문에, 뮤직 브랜딩 전반에 걸쳐 일관성을 유지하는 것이 필수다.

대부분 회사에서 소비자가 브랜드를 인식하는 데 음악과 사운드가 미치는 영향을 잘 알고 있다. 그럼에도 기업 대다수가 뮤직 아이덴티티 전략을 세우는 데에는 적극적이지 않다.

후반부에서 자세하게 다루게 될 뮤직 브랜딩 전략 연구 결과에 따르면 브랜드 10개 중 4개만이 브랜드 사운드와 관련한 전략 또는 정책을 보유한다고 답했다.

뮤직 아이덴티티가 디자인 아이덴티티와 근본적으로 다른 점은 이것이 결코 정적이지 않다는 데 있다. 뮤직 아이덴티티를 정립한다는 것은 상황에 상관없이 동일한 음악을 계속 반복한다는 말이 아니다. 음악은 그 자체의 속성 때문에 그것을 듣는 특정 청중과 장소가 속한 문화 및 사조와 연결될 때 가장 큰 효과를 발휘한다. 일례로, 매장음악 프로그램은 계속해서 새로운 음악과 플레이리스트로 업데이트된다. 여기서 기억할 것은 비록 음악은 바뀌더라도 이 곡들은 브랜드의 뮤직 아이덴티티에서 정한 가치와 추구하는 이미지를 일관성 있게 반영하는 것이어야 한다는 점이다.

뮤직 아이덴티티의 효과

- **브랜드에 미치는 효과**
  - 독특성
  - 결과
  - 차별성

- 소비자에 미치는 효과
  - 관심
  - 인식
  - 감성
  - 긍정적인 연상

 앱솔루트 아이스바

몇 년 전 앱솔루트 아이스바(Absolut Icebar)는 정체성 위기를 겪었다. 얼음잔을 비롯한 물리적 환경 자체는 스웨덴 보드카의 북유럽풍 느낌을 잘 살려주었지만 안에 흐르는 음악은 뭔가가 맞지 않았다. 예를 들면 전체가 얼음으로 만들어진 바와 밥 말리의 노래는 영 궁합이 맞지 않는 느낌이었다. 이렇듯 앱솔루트 아이스바의 뮤직 아이덴티티가 불분명하다는 것, 그 사실 하나만큼은 분명해 보였다.

앱솔루트 아이스바와 작업을 시작하면서 우리는 'The Sound of Ice(얼음의 소리)'라고 명명한 뮤직 아이덴티티를 찾아내기로 목표를 정했다. 그것은 앱솔루트라는 회사의 풍부한 역사와 정체성을 반영하는 것이라야 했다. 또한 우리는 정통성을 살리기 위해 '사미(Sami)'와 '요이크(Joik)'와 같은 스웨덴 전통음악 요소를 가미하고 싶었다. 도시 거주 젊은 고객층에 어필하기 위해 음악은 아이스바가 위치한 도시 특유의 느낌과 생동감도 살아 있어야 했다. 그 결과 탄생한 것이 '사미 부다 바(Sami Buddha Bar)'라는 독특한 사운드다. 이 안에는 전혀 다른 두 가지 세계가 앱솔루트 아이스바 컨셉과 함께 완벽하게 융합되어 있다.

프로그램의 일환으로 우리는 '앱솔루트 아이스바 라디오(Absolut Icebar Radio)'라는 뮤직 스트리밍 프로그램을 개발해 'The Sound of Ice' 컨셉을 강화시켜주는 사운드 효과를 내게 했다. 이전에는 바텐더가 음악 선정을 담당했지만, 앱솔루트 아이스바 라디오가 도입된 후 전 세계 모든 매장에서 앱솔루트라는 브랜드에 걸맞은 음악이 스피커를 통해 일관성 있게 흘러나오게 되었다.

포커스 그룹을 대상으로 한 설문 결과는 'Sound of Ice'라는 컨셉이 엄청나게 성공적이었음을 보여준다. 바를 찾은 고객의 81%가 새로운 음악이 앱솔루트 아이스바 경험을 크게 향상시키는 효과가 있었다고 응답했다. 전체적으로 바에 대한 고객의 긍정적인 인상이 이전에 비해 20% 증가했다. 많은 응답자들이 평소보다 바에 머무르는 시간이 더 늘어났다고 말했다. 가장 인상적인 부분은 이들 중 다시 바를 찾겠다고 대답한 고객 수가 세 배 증가했다는 사실이다. 음악을 조금 손본 결과치고는 꽤 괜찮지 않은가?

언제나 유행을 선도하는 앱솔루트 아이스바의 음악 전략은 사운드 '투어링' 컬렉션('touring' collection of sounds)을 바 안에 통합하는 방향으로 진화했다. 예를 들어, '공장(Factory)' 테마에는 공업단지를 연상시키는 인테리어와 어울리는 깊은 테크노와 소리가 위에서 아래로 떨어지는 듯한 '사운드 샤워(sound showers)'를 곁들인 공장소리를 사용했다.

트랙 14. 뮤직 아이덴티티 정립 방법론

고객이 무엇을 듣는가가 당신의 브랜드를 선택할지 말지를 결정할
것이다.

−제랄드 J 곤, '광고음악이 선택행위에 미치는 영향'

뮤직 아이덴티티를 정립하려면 전략적 지식, 창의적 전문성, 프
로젝트 관리기술이 모두가 필요하다. 규모와 범위에 상관없이
뮤직 아이덴티티 정립 과정은 동일한 기본 단계를 거치게 된
다. 각 프로젝트마다 단계별 심화정도, 소요 기간, 프로젝트 참
여 인원 수는 달라질 수 있다. 예를 들어, 윈도우즈 비스타 운
영체제의 시작음을 개발하는 데는 무려 18개월 이상이 걸렸다.
하지만 중소기업을 위한 프로젝트는 3~4명의 인원과 8~12주
정도의 시간이 소요된다.

이 장에서 우리는 올바른 뮤직 아이덴티티 정립 프로세스
에 필요한 포괄적인 방법론을 살펴볼 것이다. 뮤직 브랜딩을
실제 담당하고 있거나 앞으로 이 분야에서 일하기 원하는 사람
들은 꼭 숙지해야 할 내용이다.

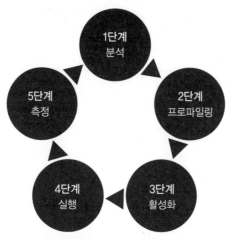

아커 모델과 연관된 뮤직의 브랜드 자산 형성 과정

1단계. 분석

뮤직 아이덴티티 정립을 위한 첫 번째 단계는 해당 브랜드와 관련한 마케팅 환경을 숙지하는 것이다. 음악을 사용해 해결해야 할 문제점이 무엇인가? 브랜드의 기업 비전, 사명, 전략은 무엇인가? 브랜드는 최종 소비자에게 무엇을 약속하는가? 브랜드 가치는 무엇이며 우리가 창출하고자 하는 바람직한 연상은 무엇인가? 우선 디자인 아이덴티티와 과거 마케팅 캠페인 등 브랜드가 이제껏 사용해 온 모든 커뮤니케이션 방식들을 살펴보자. 이 과정에서 브랜드에 대한 통찰력을 많이 얻으면 얻을수록 좋다.

다음은 타깃 그룹을 정의하고 계획하는 단계다. 다시 말해, 브랜드가 메시지를 전달하고자 하는 대상이 정확히 누구인지 정하는 것이다. 타깃 그룹을 세분화하되 틀에 박힌 인구통계학적 분류기준은 피하라. 타깃 고객의 수요 조사 목적으로 소비자의 행동양식·가치관 등을 심리학적으로 측정하는 사이코그래픽스psychographics와 라이프스타일, 태도, 가치관 등을 깊숙이 들여다보라. 브랜드와 고객 간, 그리고 고객 서로 간의 상호작용이 어디에서 이뤄지는지 파악하라. 당신의 경쟁사가 이미 사운드와 음악을 전략적으로 사용하고 있는가? 당신의 브랜드는 어느 영역에서 뮤직 아이덴티티를 가장 효과적으로 드러낼 수 있을 것인가? 당신의 브랜드가 세계적 브랜드라면 현지의 문화적 차이가 사운드와 음악에 대한 인식에 어떤 영향을 미칠 것인가?

이 단계에서 수집해야 할 정보

- 브랜드 플랫폼
- 타깃 그룹 인구구성
- 사업 계획
- 디자인 아이덴티티
- 과거 사용된 음악이나 오디오 자료

당신이 브랜딩 프로젝트를 진행하고 있는 회사라면 이미 이런저런 방식으로 음악을 사용하고 있는 경우가 대부분일 것이다. 회사 사무실을 방문하고 광고에 사용된 음악이나 사운드를 들어보라. 그러면 그 회사가 현재 보유한 브랜드 음악 문화에 대한 감을 잡을 수 있을 것이다. 이 과정에서 발견한 사항들을 문서화해서 첫 번째 '브리핑' 미팅에서 팀원들과 공유하라.

첫 브리핑 미팅에서는 프로젝트 목표를 함께 점검함으로써 모든 팀원들이 브랜드와 타깃 고객, 뮤직 브랜딩의 전체 목표에 대해 일관된 시각을 갖게 하는 것이 중요하다. 첫 미팅에는 대개 뮤직 브랜딩 컨설턴트, 매니징 디렉터, 고객사의 브랜드 매니저가 참석하게 된다.

회의 종료 전, 프로젝트 목표, 전달하고자 하는 브랜드 가치, 타깃 고객 등을 골자로 한 액션 플랜에 대한 합의를 이뤄야 한다. 또한 웹사이트 방문자수, 우호적인 인상, 매출 증가, 기타 사전 정의된 기준 등 뮤직 아이덴티티 효과 측정방식도 정해야 한다.

이 단계의 결과물
- 브랜드와 타깃 시장 분석

- 현재 브랜드 사운드 분석
- 뮤직 브랜딩 목표 정리
- 결과 측정방법 선택

2단계. 프로파일링

분석단계를 통해 뮤직 브랜딩을 위한 지식적 토대가 마련됐다면 프로파일링 단계로 넘어간다. 여기서는 뮤직 아이덴티티를 개발하기 위한 창의적이고 전략적인 요소들이 다뤄진다. 그리고 브랜드가 어떤 사운드를 갖게 될 것인지에 관한 실질적인 답을 찾게 된다. 이 단계에서 주로 회사 워크숍을 진행하게 된다. 토론과정을 거쳐 브랜드의 뮤직 아이덴티티의 토대가 될 오디오 브랜드 가이드라인audio brand guidelines을 정하게 된다.

오디오 브랜드 가이드라인은 뮤직 브랜딩의 모든 과정이 제 궤도를 유지할 수 있도록 가드레일 역할을 한다. 가치단어는 타깃 독자에게 전달하고자 하는 브랜드 연상효과를 반영하는 것이어야 한다. 오디오 브랜드 가이드라인은 다음에 기술된 기초foundation, 톤tonality, 효과effect로 구성된다.

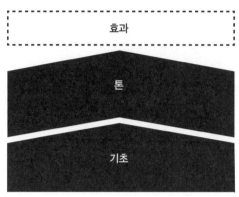

오디오 브랜드 가이드라인 모델

- **기초:** 기초에 해당하는 가치단어는 모든 미디어 플랫폼에 적용되는 음악, 사운드, 아티스트 선택에 관한 가이드라인을 제시하는 역할을 한다. 핵심가치는 회사의 브랜드 가치들을 반영하는 것으로서 좀 더 실제적인 표어로 표현되어 뮤직 아이덴티티가 일관성과 상호성을 유지할 수 있게 한다.(예, '정직한,' '혁신적인,' '믿을 수 있는')

- **톤:** 톤에 해당하는 가치단어는 청중에게 전달될 음악과 사운드의 톤을 정함으로써 음악과 아티스트 선정과정에서 필터 역할을 한다.(예, '현대적인,' '대중적인,' '낙천적인')

- **효과:** 효과에 해당하는 가치단어는 브랜드가 음악과 사운드를 통해 대상에 유발하고자 하는 효과를 정의한다.(예, '고가의,' '친근한,' '젊은')

워크숍을 마친 후, 뮤직 아이덴티티 개발책임자는 워크숍 결과를 분석한다. 뮤직 브랜딩의 목표, 활성화에 사용될 주요 플랫폼, 엄선된 오디오 브랜드 가이드라인 등이 분석결과에 포함된다. 또한 앞으로 선택할 음악과 사운드를 명확하게 정의한 정책 문서도 나와야 한다. 여기서 개발하고자 하는 뮤직 아이덴티티와 관련한 뮤직 컴필레이션과 사운드·아티스트 참조 자료 등으로 구성되어 전반적인 느낌을 한눈에 볼 수 있는 '무드 보드mood board'를 사용하는 것이 도움이 된다.

이 단계의 결과물

- 워크숍
- 뮤직 아이덴티티 활성화에 사용될 주요 플랫폼(소매점, 광고, 웹사이트 등)
- 광고전략서Creative brief
- 무드 보드
- 뮤직 아이덴티티 승인

3단계. 활성화

대개 브랜드만의 독특한 뮤직 아이덴티티를 결정하는 과정은 음악에 대한 전략적 수단을 개발하는 것으로 귀결된다. 예를 들어 뮤직 아이덴티티는 매장음악 프로그램으로 활성화되거나 TV·라디오광고에 삽입되는 사운드 로고타입의 형태로 표현될 수 있다. 회사가 뮤직 아이덴티티 개발과 함께 전략적 실행을 주문하는 경우가 있는가 하면, 분석과 프로파일링 단계에서 구체화하는 경우도 있다.

활성화 단계에서는 실제 사운드를 제작할 프로듀서나 구상 중인 음악의 소속 음반사를 접촉하게 된다. 뮤직 아이덴티티 개발과 실행과정은 모든 관련자들에게 명확히 전달되어야 한다. 커뮤니케이션 전반에 적용될 음악 사용에 관한 기본 원칙과 정책들도 함께 공유해야 한다. 또한 제작production 유형과 단계에 따라 프로듀서와 저작권 관련기관과의 합의도 이 단계에서 이뤄진다.

이 단계의 결과물
- 저작권 보유자와 접촉
- 제작 및 구상
- 저작권 관련 합의

4단계. 실행
개발한 뮤직 아이덴티티는 실행될 때 비로소 그 진가를 드러낸다. 그렇게 때문에 현실적이면서 측정가능한 벤치마크가 설정된 타임테이블timetable를 세우는 것이 중요하다. 회사 직원들을 시작단계부터 참여하게 함으로써 뮤직 아이덴티티와 이것이 브랜드에 미칠 효과에 대해 설명하는 것이 좋다. 회사의 인트라넷을 활용해 이러한 정보를 전달하고, 뮤직 아이덴티티와 무드 보드, 기타 자료제작에 반영할 수 있는 직원 아이디어를 모으는 것도 한 방법이다.

이 단계에서 새로운 뮤직 아이덴티티와 함께 음악자료 제공에 필요한 절차를 광고, PR대행사 등 다른 마케팅 파트너들에게 전달해야 한다. 자, 드디어 기다리던 순간이다. 이제까지 개발한 전략적 툴들, 사운드 로고, 뮤직 프로그램, 아티스트 제휴 등을 다양한 고객접점에서 실행한다.

이 단계의 결과물

- 주요 이정표를 포함한 타임테이블
- 내부 실행
- 외부 실행

5단계. 측정

좋다, 당신은 브랜드를 위한 독특한 뮤직 브랜딩 전략을 개발해 수행하는 단계까지 마쳤다. 이제 그 전략이 현실세계에서 발휘한 효과를 따져볼 때다. 다른 형태의 마케팅 커뮤니케이션에 사용되는 원칙들을 사운드와 음악의 효과를 측정하는 데에도 동일하게 적용할 수 있다. 타깃 고객을 대상으로 한 설문조사, 포커스그룹, 심층인터뷰 등이 가장 보편적인 방법이다. 어떤 방식이 가장 효과적인가는 그 회사가 무엇을 알고자 하는가에 따라 달라진다. 예를 들어, 사운드 로고타입의 효과는 정량조사를 통해 파악할 수 있다. 하지만 실행된 뮤직 프로그램의 효과를 측정하는 데는 포커스 그룹이 더 좋은 방법이다.

경험에 비춰 봤을 때, 분석의 범위는 대개 회사가 사용할 수 있는 자원의 수준에 따라 결정된다. 결국 자금의 문제다. 글로벌 기업은 현지 중소기업보다 좀 더 철저한 분석에 투자할 자금여력을 갖췄을 것이다. 여기서 중요한 것은 어떤 결과를 측정할 것인지 대상을 정하는 것이다. 뮤직 이니셔티브를 통해 기대하는 분명하고도 측정가능한 목표들을 타임라인과 함께 설정해야 한다. 분석 결과 뮤직 아이덴티티를 조금 '조정'할 필요가 있다는 결론이 나올 수도 있다. 괜찮다! 브랜드란 하루 아침에 이뤄지는 것이 아니다.

앨범 4

이 단계의 결과물

- 평가

- 결과 측정

- (필요 시) 뮤직 아이덴티티 수정

툴박스:
뮤직 브랜딩을 위한
전략적 툴

"우리는 음악이라는 만국 공용어로 소비자에게 말해야 한다."

−케빈 로버츠, 사치앤사치 월드와이드 CEO

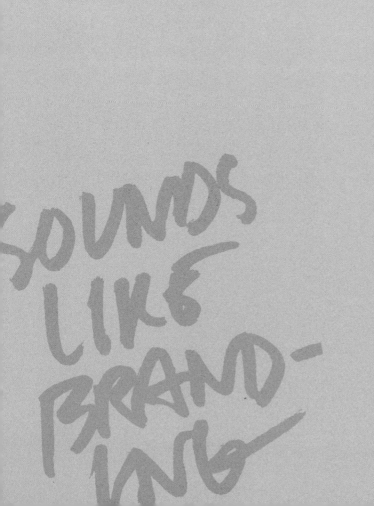

SOUNDS
LIKE
BRAND-
ING

베를린의 한 징글 메이커

때는 9월의 어느 금요일 늦은 밤, 나는 과거 동베를린에 위치한 호텔로 돌아가기 위해 프렌츠라우어 베르크를 지나는 중이었다. 검은 가죽 자켓과 티셔츠가 어울릴 법한 이 동네에서 턱시도를 입고 있던 나는 이상스레 쳐다보는 눈길들을 피할 수가 없었다. 나는 한 독일 클라이언트가 1930년대식으로 개조한 수영장에서 주최한 5개 코스 갈라 디너에서 돌아오는 길이었다. 만찬 중 나는 맞은편에 앉았던 한 독일 여성에게 내 직업을 설명하느라 한참 애를 먹었다(이미 술에 취한 그녀를 상대로 내가 얼마나 진땀을 뺐을지 상상해보라!). 우리의 대화는 이런 식이었다.

　독일 여성: 무슨 일을 하시죠?

　나: 음악과 마케팅 쪽 일을 합니다.

　독일 여성: 어머, 재미있는 일을 하시네요! 저도 음악을 무지 좋아하는데! 그럼 예술가인가요?

　나: 아뇨, 제가 직접 음악을 하는 건 아니고 아티스트들과 같이 작업을 합니다. 회사를 상대로 음악을 통해 마케팅 하는 것을 돕고 있죠.

　독일 여성: 오, 알겠어요. '따-따-따-라-따, 암 러빙 잇!' 머 이런 거 말씀하시는 거죠?

더 이상 대화가 진척될 수 없다는 것을 깨닫고 나는 최선의 출구 전략으로 그녀가 원하는 대답을해주기로 마음먹었다. 나는 떠듬거리는 독일어로 이렇게 말했다.

나: Ja naturlich. Ich bin ja aber ein Jingelmacher.

[번역] 네, 징글 메이커 맞습니다(국제 홍보라는 좀 더 그럴듯한 타이틀이 있긴 하지만…).

우리는 이런 식의 대화를 흔히 경험하게 된다. 당신이 누군가에게 음악 관련 일을 한다고 하면 상대방은 자동적으로 당신을 엔터테이너로 생각한다. 음악과 마케팅 쪽에서 일한다고 해보라. 그러면 그들은 당신을 징글 메이커로 생각할 것이다. 물론 오해는 하지 마시라. 음악 전략의 하나로 '징글'이라 불리는 것을 종종 만들기도 한다. 하지만 오늘날 우리는 이것을 더 세련된 이름인 '사운드 로고'라고 부른다.

이 장에서 우리는 뮤직 브랜딩 이니셔티브 활성화를 위한 가장 중요한 전략 툴들을 소개하고자 한다.

트랙 15. 너를 머릿속에서 지울 수가 없다

앞서 언급한 바, 기업의 로고는 특정 상품과 브랜드에 대한 소유권을 표시하는 한 방식이다. 로고의 독특한 디자인, 색상, 카피는 그 브랜드를 경쟁사와 구별시켜준다. 로고타입을 보는 것만으로도 고객들에게 친근한 느낌과 우호적인 연상효과를 만든다. 사운드로 만들어진 로고타입 역시 동일한 효과를 낸다.

컴퓨터 속 혁신을 전달할 만한 악절을 작곡해달라는 의뢰를 받기 전까지 작곡가 월터 워조어는 아마도 인텔Intel에 대해 들어본 적도 없었을 것이다. 단 네 개 음으로 만든 그 심플한 멜로디가 세계에서 가장 유명한 사운드 로고가 되리라고 어느 누가 상상이나 했을까? 인텔의 사운드 로고는 이제 지구상에서 5분마다 한 번씩 울리는 소리가 되었다.

19세기 스페인 작곡가 프란시스코 타레가 역시 그의 작품 〈그랜드 왈츠Grand Waltz〉의 멜로디가 후대에 휴대폰 벨소리가 되어 전 세계에서 울리리라고는 상상하지도 못했을 것이다. 하지만 노키아가 폭포수 같은 느낌의 이 멜로디를 핸드폰 기본 벨소리로 사용하면서 이것은 현실이 되었다. '노키아 튠Nokia Tune'으로 알려진 이 멜로디는 세계에서 세 번째로 많이 알려진 사운드 로고가 됐다. 과연 무엇이 노키아 튠을 이은 세계적인 사운드 로고가 될 것인가? 아마도 할리데이비슨 모터사이클의 부릉 대는 엔진 소리가 아닐까? (웃지 마시라. 할리데이비슨은 최근 자사의 모터사이클 엔진이 만들어내는 독특한 소리에 대한 상표권 등록을 시도한 바 있다.)

이러한 사운드 로고들은 우리의 오랜 친구 징글이 발전, 진화된 형태로 볼 수 있다. 하지만 좀 더 세련된 모양과 환경에서 사용된다는 차이점이 있다. 신기술과 미디어 세분화로 인해 브랜드가 고객에 도달하기 위해 커버해야 하는 플랫폼의 수는 계속 증가 중이다. 그리고 새로 등장한 플랫폼에서 기존의 그래픽 로고로는 브랜딩이 불가능한 경우가 많다. 바로 그 자리를 사운드 로고가 채울 수 있다. 뿐만 아니라 사운드 로고로 전통적인 광고 매체에 새로운 활력을 더할 수 있다. TV광고 마지막에 삽입된 사운드 로고는 시청자가 주방에서 간식거리를 만들면서도 그 소리를 들을 수 있다.

사운드 로고란?

간단하게 말해, 사운드 로고는 그래픽 로고의 청각 버전이다. 대개 사운드 로고는 3~5초의 간명한 멜로디나 광고 시작과 끝에 사용되는 연속적인 사운드를 말한다. 시각 로고와 청각 로고를 함께 사용함으로써 브랜드에 대한 효과와 주목을 극대화시킬 수 있다. 사운드 로고는 이것이 브랜드와 밀착되어 있다는 점에서 특정 상품 또는 마케팅 캠페인에 한정되는 징글과 구분된다. 사운드 로고는 브랜드를 드러낼 뿐만 아니라 브랜드에 대한 연상과 가치를 전달한다. 길이가 더 긴 음악의 경우처럼 사운드 로고는 의도한 분위기와 느낌을 전달한다. 단지, 주어진 시간이 더 짧을 뿐이다.

사운드 로고의 성공요소

성공을 거둔 사운드 로고들에는 몇 가지 공통점이 있다. 첫째, 해당 브랜드를 경쟁사와 차별화시키는 독특한 톤tone이다. 로고에 사용된 멜로디는 금방 외워 흥얼거리기 쉽고, 사람들의 귓가에서 맴도는 것이어야 한다(우리의 머릿속 친구 '귀벌레'를 기억하라). 과학자들은 멜로디가 인간 두뇌의 기억과 회상 작용에 직결되어 있다고 말한다. 우리 뇌는 익숙한 멜로디의 도입부를 들으면 자동적으로 그 멜로디가 어떻게 끝날지 기억해내고 예상한다. 인식하기도 전에 우리는 그 멜로디에 빠져들게 된다. 이러한 사운드-기억 간의 관계는 사운드 로고가 엄청난 커뮤니케이션 파워를 발휘할 수 있게 해준다. 'Name that Tune노래 제목 맞추기' 같은 게임 쇼가 항상 인기를 끄는 것도 바로 이 때문이다.

성공적인 사운드 로고를 만들려면 그것이 사용될 플랫폼과 그래픽 로고 간의 상호작용을 반드시 고려해야 한다. 사운드 로고가 TV광고, 라디오광고, 전화 교환대 혹은 휴대폰에서 사용될 것인지? 아니면 기기에 내장될 것인지? 사운드 로고는 필요한 모든 플랫폼에서 사용될 수 있도록 유연성을 가져야 한다.

　　이제 우리는 인텔, 노키아, 맥도날드의 사운드 로고를 듣는 즉시 알아차린다. 하지만 이렇게 즉각적인 브랜드 인지가 가능하게 되기까지 수개월에서 심지어 수년까지 그 소리를 반복해서 일관성 있게 들려주어야 한다. 사운드 로고에 대한 장기적인 투자 없이는 브랜드에 대한 큰 부가가치를 기대하기 힘들다. 고로 사운드 로고가 고객과 브랜드에 무언가 의미를 갖게 되기까지 충분한 시간을 투자하는 것이 중요하다.

　　이 책의 대전제가 흔들릴 위험을 감수하고 말하건대, 가끔은 침묵이 금인 경우가 있다는 것도 기억해야 한다. 어떤 마케팅 상황에서는 고객에 대한 존중의 표시로 침묵을 지키는 것이 최선일 때가 있다. 어떤 시간과 장소에서는 사운드 로고가 오히려 방해가 되거나 부담스러울 수 있다(장례식이 한 예다).

성공적인 사운드 로고의 특징

- 독특성과 차별성
- 외우고 기억하기 쉽고 귀에서 맴도는 멜로디
- 다양한 플랫폼에 적용되는 유연성과 용이성
- 일관성 있는 적용과 장기적인 투자

사운드 로고 제작 시 기타 고려사항

- 전달하고자 하는 브랜드 가치는 무엇인가?
- 사운드는 고객의 마음에 어떤 연상을 일으켜야 하는가?
- 사운드 로고가 사용될 주요 플랫폼과 활용방식은 무엇인가?
- 사운드 로고에 그래픽 로고를 반영할 것인가? 아니면 자체만의 독특한 표현을 추구할 것인가?

트랙 16. 테마송

일본의 슈퍼마켓을 가면 과일 코너 근처에서 나오는 '바나나 송'을 들을 수 있다. 이에 질세라 감자 장사는 작은 차로 도쿄 시내를 돌아다니며 전통적인 '감자송'을 틀어댄다. 이렇게 특정 브랜드 또는 브랜드 상품을 알리기 위해 사용하는 노래를 일컬어 '테마송theme song'이라고 한다.

하지만 이런 테마송은 특정 상품의 장점을 홍보하는 것 이상의 기능을 수행한다. 테마송은 공동체 의식과 단결심을 고취할 목적으로 사용되는 찬가anthem가 되기도 한다. 군인 혹은 공무원, 회사직원 누가 부르든 간에 테마송은 감동적인 가사와 힘찬 멜로디가 한데 어우러져 개인들을 공동의 목표로 결집시키는 효과를 낸다. 테마송의 위력을 오래 전 간파한 회사에서는 수많은 세미나, 킥오프 행사, 영업회의 등에서 테마송을 부른다.

 오리플레임-과감하게 꿈꾸다

오리플레임(Oriflame)은 세계에서 가장 빠르게 성장하는 화장품 회사 중 하나다. 하지만 오리플레임의 영업은 매장이 아닌 전 세계 280만 명의 독립적인 세일즈 컨설턴트로 이뤄진 영업망을 통해 이뤄진다. 그다지 내세울 것 없는 배경을 가진 대다수의 판매원들은 오리플레임을 전문적인 커리어를 쌓을 수 있는 기회로 보고 있다.

오리플레임은 매년 올해의 회사 테마를 정한다. 2010년의 테마는 '할 수 있다(can-do)'라는 회사정신을 반영하는 'Dare To Dream(과감하게 꿈꾸다)'으로 정해졌다. 오리플레임은 스웨덴, 중국, 칠레 등 다양한 문화권 출신의 영업직원들에게 어떻게 하면 동일한 열정을 품게 할 것인가를 고민했다. 심사숙고 끝에 오리플레임은 음악이야말로 문화장벽을 초월하여 영업팀에게 동일한 메시지를 전달할 수 있는 최고의 수단이라고 판단했다. 그리하여 이 회사는 단결심을 고취해 영업실적을 높이기 위한 목적으로 테마송을 제작하게 된다.

오리플레임은 작곡가와 뮤직 프로듀서를 위해 광고전략서를 작성했다. 여기에서 오디오 브랜드 가이드라인과 테마송을 통해 기대하는 연상효과와 감성적 효과를 정의했다. 그 결과로 〈Dare to Dream〉이라는 귀에 쏙 들어오면서도 감동적인 팝송이 탄생했다. 원래 영어로 제작된 가사는 스페인어와 러시아어로도 번역되었다. 또한 오리플레임은 테마송을 클럽 리믹스 버전과 가라오케 버전으로도 제작하여 디지털과 CD 형태로 전 세계 세일즈 컨설턴트들에게 배포했다. 결과는? 이 노래는 페이스북을 통해 발표된 지 불과 24시간 만에 10만 건의 재생횟수를 기록했다. 유명 팝스타도 부러워할 만한 기록이다. ▶

트랙 17. 히트 제조기로 불리는 브랜드

최근 전반적인 음반시장 불황에도 불구하고 발표하는 족족 불티나게 팔리는 음반들이 있다. 이들은 유명 그룹이나 뮤직 아티스트의 작품이 아니라 바로 당신이 좋아하는 브랜드의 음반

▶ www.soundslikebranding.com에서 동영상을 볼 수 있다.

들이다. 많은 회사에서 음악이 브랜드에 영향을 미칠 뿐 아니라 고객들이 경쟁상품 대신 자사 상품을 선택하도록 만들 수 있다는 사실을 깨닫고 있다. 가장 흔한 예가 매장에서 얼마 이상 상품을 구매한 고객에게 음악 CD나 다운로드 쿠폰을 주는 판촉행사다. 이런 형식의 판촉활동은 매출을 증가시킬 뿐 아니라 브랜드 연상을 강화시켜 고객이 구매 후에도 오랫동안 브랜드를 기억할 수 있게 한다.

 하이네켄-여름 소리

스웨덴 하이네켄은 하트비츠인터내셔널팀에 여름철 특수를 겨냥해 하이네켄을 모든 썸머 페스티발의 공식맥주로 만들어 줄 특별한 여름 사운드트렉 제작을 의뢰했다. 북유럽 특유의 느낌을 살려달라는 주문에 우리는 호세 곤잘레스, Fibes, Oh Fibes!, DJ 엠비 등 지역적이면서 도시적 사운드를 가진 아티스트들을 섭외해 컴필레이션 음반을 제작했다.

제작된 CD는 스웨덴 전역의 슈퍼마켓과 편의점에 배포됐다. 하이네켄 여섯 개들이 팩을 구입하는 고객에게 CD가 사은품으로 제공되었다. 결과는? 판매는 기대치를 초과 달성했고 타깃 그룹 내에서 하이네켄의 브랜드 인지도는 하늘을 치솟았다. 그 해 여름 스웨덴에서 〈Sounds of Summers(여름 소리)〉가 들리지 않는 바비큐 파티는 찾아보기 힘들었다.

호텔산업에서 얻은 영감

호텔·숙박업계에서 일하는 아무나 붙잡고 물어보라. 자신들이 파는 것은 다름아닌 경험이다라는 대답을 듣게 될 것이다. 그렇기 때문에 마케팅의 이름으로 이뤄지는 모든 커뮤니케이션은 고객들의 감각을 사로잡아야 한다. 음악은 명백히 이런 종류의 '감각 마케팅'에서 중요한 역할을 수행한다. 많은 호텔에서 투숙 고객들을 위한 기념품으로 사운드트랙을 제작하는 것도 동일한 맥락이다. 우리는 음악이라는 매체를 통해 지나온 삶의 특정 시간과 장소로 이동할 수 있다. 고객들은 체크아웃 이후에도 음악 CD를 통해 호텔에 대한 기억을 오래도록 간직할 수 있다.

매장 사은 증정행사의 경우, 충동구매를 유발할 수 있는 음악 또는 아티스트를 선정하는 것이 관건이다. 반면, 호텔 CD와 같이 고객 충성도를 목적으로 한 제품들은 오래 남을 수 있는 브랜드의 느낌과 연상효과를 추구해야 한다.

CD 제작을 계획하고 있다면 패키징packaging에 대한 고려가 필수적이다. 디자인·라이프스타일 관련 브랜드의 경우 시각과 촉감에 어필하는 좀 더 고급스러운 접근이 필요할 것이다. 일상적인 '사은 증정캠페인buy and get'에 사용되는 패키징은 비용효과와 제작 용이성이 더 중요한 기준이다. 상품이 많이 팔리기만 한다면 CD 패키징을 매장에서 판촉하고 배포하는 것은 훨씬 쉬워진다. 물론 비용의 문제도 있다. 회사는 추가판매를 통해 CD 제작비용을 회수할 수 있는지 투자수익모델도 따져봐야 한다.

 빛의 소리

센트럴 스톡홀름에 있는 노르딕라이트호텔(Nordic Light Hotel)은 늘 새로운 것을 추구하기로 유명한 호텔이다. 이런 정신은 호텔 건축물과 디자인, 전체적인 미적 감각에 묻어난다. 호텔 오너가 하트비츠인터내셔널을 찾아와 주문한 것은 이 호텔의 독특한 브랜드 경험을 호텔 건물이라는 물리적 경계를 뛰어넘어 전달할 수 있는 뮤직 브랜딩 프로그램을 개발해달라는 것이었다. 우리는 이 프로그램을 'Sound of Light(빛의 소리)'로 명명했다.

호텔측은 독특한 브랜드 사운드에 생명을 불어넣어 줄 뮤직 아티스트로서 국내뿐 아니라 해외 문화계 오피니언 리더들에게도 어필할 수 있는 사람을 찾고 있었다. 그래서 마침내 우리는 언더그라운드 DJ계에서 파란을 일으키고 있는 테크노 아티스트 '더 필드(The Field, 액셀 윌너로도 알려짐)'를 낙점했다. 노르딕라이트호텔은 윌너를 초청해 주말 동안 호텔에 머무르며 그 자리에서 음악작업을 하게 했다. 그 기간 동안 윌너는 '빛의 소리'에 대한 그의 해석을 담은 네 개의 트랙을 제작했다.

이 뮤직 트랙들은 한정판 CD에 담겨 호텔과 디지털 커뮤니케이션 플랫폼에서 동시 발매됐다. 사람들은 호텔 웹사이트의 미디어 플레이어를 통해 무료로 트랙을 감상하거나 아이튠스 뮤직스토어에서 다운로드 받을 수 있

앨범 5

었다. 호텔은 엄선된 언론관계자와 오피니언 리더들을 초청하여 발매기념 파티와 'Sound of Light' 콘서트까지 개최했다.

완벽한 타이밍이란 게 이런 것일까? 호텔이 한정판 트랙을 발매한 그 시점에 '더 필드'의 인기는 하늘을 치솟고 있었다. 순식간에 언론의 조명을 받게 된 호텔은 연일 쏟아지는 기사와 리뷰 세례를 받았다. 음악은 소셜네트워크를 타고 삽시간에 퍼져나갔다. 지금까지도 전 세계 음반사, 배급사와 팬들이 보낸 한정판 디스크에 관한 문의 메일들이 노르딕라이트호텔에 쏟아지고 있다.

호텔 코스테–라이프스타일 호텔이 라이프스타일 뮤직을 만든다

호텔업계가 이토록 음악에 열광하게 된 이유 중 하나는 파리 소재 '호텔 코스테Hotel Costes'가 거둔 성공에 기인한다. 1990년대 중반, 호텔 코스테 DJ 스테판 폼푸냑은 자신의 독특한 믹싱 스타일을 좋아하는 고객들을 위해 CD를 제작하기 시작했다. 이 CD가 크게 인기를 끌자 호텔측은 로비에서 CD 판매를 시작했다. 채 몇 달이 지나지 않아 폼푸냑의 CD는 전 세계 레코드 시장에 깔리게 되었다. 이 한정판 CD를 소장하는 것이 전 세계 트렌드세터trendsetters 사이에서 지위와 정체성을 드러내는 하나의 상징이 되었다. 최근 집계에 따르면, 호텔 코스테 뮤직 시리즈는 세계적으로 백만 장 이상이 팔렸다.

트랙 18. 배경음악에서 전경음악으로

작곡자들은 팬이 많지 않다. 대부분 사람들은 배경음악에 대해 소리로 만든 지루한 벽지 정도로 여긴다. 심지어 어떤 이들은 고객을 매장에 붙잡아두어 돈을 더 쓰게 만드는 잠재의식적 속임수라고까지 생각한다. 하지만 이 두 가지 견해 모두 가장 중요한 사실을 간과했다. 즉, 제대로 사용하기만 한다면 배경음악은 브랜드와 고객의 관계를 강화시킬 수 있다는 점이다.

계획된 음악경험

스타벅스와 아베크롬비앤피치 같은 브랜드들은 음악을 통해 독특한 고객경험을 제공함으로써 매출 증가를 꾀할 수 있음을 보여준다. 이들 브랜드는 성공의 열쇠가 고객의 모든 감각을 사로잡는 색다른 매장경험을 제공하는 것임을 잘 알고 있다. 이렇듯 음악은 단순한 배경음악이 아닌 판매 계획의 필수 요소로 고려되어야 한다.

일례로 아베크롬비앤피치는 음악을 매장경험의 최전방과 중앙에 배치했다. 그리고 전통적인 소매업계가 아닌 클럽과 DJ 문화에서 음악전략에 필요한 영감을 찾아냈다. 아베크롬비앤피치 매장에 들어선 고객들은 자신을 집어삼킬 듯 압도해오는 빠른 템포의 일렉트로닉 사운드를 경험한다. 마치 라이브 DJ처럼 음악은 한 순간도 멈추지 않고 이어지며 에너지를 북돋아준다. 이 모든 요소들은 한데 어우러져 젊은 쇼핑객들이 자꾸만 찾고 싶은 매장경험을 만들어낸다.

안타까운 것은 아베크롬비앤피치 경우와 같이 음악을 경쟁력의 핵심자산으로 활용하는 회사가 극소수에 불과하다는 점이다. 여느 쇼핑몰 매장들을 둘러보라. 어떤 음악이 매장에서 나오고 있는가? 매장 간에 뭔가 차이점이 느껴지는가? 대부분 매장에서 틀어주는 음악은 진부해진 히트곡들인 경우가 많다. 다시 말해 이들은 음악을 진정한 브랜드 차별화 도구로 활용하지 못하고 있다.

 필리파케이-모던 북유럽 스타일

'우리는 브랜드의 정체성을 정확하게 파악하고 있습니다. 하지만 브랜드가 어떤 소리인지는 솔직히 감이 오지 않네요.' 우리와의 첫 미팅에서 북유럽 의류업체 필리파케이(Filippa K)는 이렇게 실토했다. 전 세계 40여 개 매장을 보유한 필리파케이는 이미 특유의 디자인과 비주얼 미학을 정립한 브랜드다. 밝은 조명, 깔끔한 인테리어 디자인, 모던한 소재 선택을 통해 이들 매장은 쿨하고 모던한 북유럽 감성을 강조한다. 하지만 안타깝게도 매장의 배경음악은 영 다른 소리를 내고 있었다.

여느 소매점들과 마찬가지로 필리파케이 역시 매장음악 선곡을 스태프가 담당했다. 그게 뭐 대수인가?라고 반문할지도 모르겠다. 건방지게 들릴지는 모르겠으나 음악에 대한 취미와 지식이 있다고 해서 음악을 브랜드 가치를 담아내는 툴로 사용할 수 있는 것은 아니다. 객관적인 시각과 전문가적 방법론을 갖춰야만 음악을 통해 브랜드에 대한 올바른 메시지를 명확하고도 일관성 있게 전달할 수 있다. 또한 매장을 포함한 여러 영역에서 음악을 사용하기 위해 처리해야 할 법률적 문제들도 있다.

그래서 우리는 필리파케이 관계자들과 마주앉아 이 브랜드의 뮤직 아이덴티티를 찾기 시작했다. 여러 차례 회의를 거듭한 끝에 음악 전략의 방향을 잡아줄 오디오 브랜드 가이드라인을 작성했다. 필리파케이의 음악은 '현대적인 감각'과 '시대를 초월한 단순함'이라는 브랜드 가치를 반영하는 것이어야 했다. 이 두 가지 가치단어를 담아낸 두 개의 플레이리스트가 탄생했다. '현대적인 감각'의 모던클럽뮤직 플레이리스트와 북유럽 미니멀리즘으로 표현된 '시대를 초월한 단순함'을 담은 좀더 강한 일렉트로닉 느낌의 플레이리스트가 그것이었다.

플레이리스트 개발은 우리가 수행해야 할 과제의 시작에 불과했다. 다음으로 우리는 이 플레이리스트를 어떤 방식으로 세계 곳곳에 흩어진 필리파케이 매장에 전달할 것인가를 고민했다. 해답은 필리파케이 인터넷 라디오 스테이션이었다. 라디오 스테이션을 만들어 엄선된 플레이리스트를 각 매장 내 인터넷 리시버로 전송하는 방식이었다. 매장 직원은 틀고 싶은 채널을 선택할 수 있고, 플레이리스트는 매달 자동으로 업데이트 됐다. 고객들은 베를린, 스톡홀름, 오슬로 세계 어느 매장에서든 필리파케이만의 독특한 음악경험을 즐길 수 있게 되었다. 물론 모든 음악은 합법적 절차를 거친 것이기에 필리파케이는 안심하고 음악을 사용할 수 있었다.

매장음악을 위한 고려사항

매장음악 결정 시 매장 자체에 대한 고려도 반드시 이뤄져야 한다. 매장 내 음향 상태는 어떠한가? 현재 어떤 사운드 시스템을 사용하고 있는가? 매장 내에 별도의 뮤직존music zone이 필요한가? 전체적인 음악 프로그램을 다 개발하고 나서야 매장 내 뮤직 시스템이 프로그램을 지원할 수 없거나 심지어는 매장에 그런 시스템 자체가 없다는 것을 알게 된 경우도 있었다. 고로 먼저 기술적 인프라를 파악해 필요 시 인프라 개선에 필요한 비용을 음악 프로그램 전체예산에 포함시키는 것이 바람직하다.

매장음악에 관해 얘기할 때 빼놓을 수 없는 것이 바로 볼륨이다. 스웨덴 회사들은 고객들에게 '방해'가 되지 않도록 소음 레벨noise level에 대해 민감한 편이다. 물론 사람들에게 거부감을 주거나 놀래키기를 원하는 것은 결코 아니다. 하지만 음악을 전체적인 매장경험의 한 부분으로 자리잡게 하는 것이 중요하다.

매출을 늘리는 효과적인 방법으로 매장음악 프로그램 안에 광고나 메시지를 삽입할 수 있다. 인터넷 라디오 스테이션을 통해 광고주들은 오프라인 또는 온라인을 통해 고객에 도달할 수 있는 전혀 새로운 미디어 채널을 확보하게 되었다. 미국 전문리서치기관 아비트론Arbitron의 리테일 미디어 스터디Retail Media Study에 따르면 응답자 1,000명 중 41%가 매장에서 방송

된 메시지를 듣고 사전계획에 없던 구매를 한 적이 있다고 답했다. 그리고 응답자의 1/3이 이런 메시지 때문에 원래 사려던 것과 다른 브랜드를 구입한 적이 있다고 대답했다.

구매 시점 즈음에 듣는 삽입 광고메시지embedded messaging는 엄청난 효과를 내기도 하지만 몇 가지 리스크도 동반한다. 만약 고객이 광고가 '지나치다'고 느끼게 되면 해당 상품이나 브랜드에 대한 거부감을 일으킬 뿐 아니라 매장을 떠나게 만들 수도 있다. 고로 이러한 광고 메시지들이 뮤직 프로그램 안에서 과도하게 부각되지 않고, 브랜드 가치와 잘 조화를 이루도록 주의해야 한다.

앨범 6

디지털:
소셜미디어 마케팅

"기술이 언론의 권력을 이동시키고 있다. 이제 편집자나 출판업자,
기존 매체, 미디어 전문가가 아니라 대중이 주도권을 쥐고 있다."

─루퍼트 머독

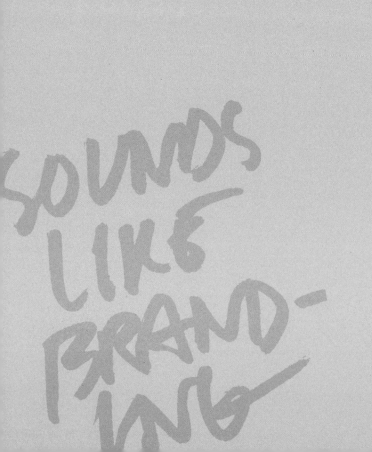

스톡홀름 어느 월요일 아침

평상시와 다름 없던 어느 월요일 아침, 나는 바이럴 마케팅(viral marketing)의 위력을 다시 한 번 실감하게 된다. 당시 경영하고 있던 음반회사는 지난 몇 개월간 소속 아티스트들을 위한 사이트를 마이스페이스(MySpace)에 런칭하는 작업에 매달려왔다. 무료로 음악을 들을 수 있는 이 소셜네트워크는 급속도로 뜨기 시작한 단계였고 우리는 소문의 진상을 확인하고 싶었다.

나는 모닝커피를 마시며 며칠 전 런칭한 싱글앨범이 잘 되고 있나 확인하기 위해 마이스페이스에 로그온했다. 모니터를 들여다보던 나는 마시던 커피를 엎지를 뻔했다. '재생건수 2만 5천! 그 짧은 시간에 이건 말도 안돼!' 하지만 이것은 엄연한 현실이었다. 방명록(guestbook)에는 전 세계 곳곳에서 코멘트를 달고, 노래를 추가한 사람들을 확인할 수 있었다. 게다가 수백 명의 새로운 팬들이 밴드를 '친구'로 초대한 것이 아닌가. 불과 하루도 안 되어 그 곡은 블로거들과 온라인 입소문을 타고 바이러스처럼 전 세계로 퍼져 있었다.

바로 그 순간, 나는 인류보편의 호소력을 가진 음악이 전 세계로 연결된 소셜네트워크와 결합할 때 발휘할 수 있는 잠재력을 깨닫게 되었다. 바로 거기에 과거 그 어느 것과도 비교할 수 없이 빠르고, 효과적인 마케팅 미디어가 존재하고 있었다.

트랙 19. 소셜미디어 마케팅에 관한 5가지 법칙

현재 소셜네트워크의 인기는 새삼 거론할 필요조차 없다. 이 책의 인쇄 시점을 기준으로 페이스북에는 8억 4,000만 명의 사용자가 등록되어 있다(한국 사용자도 530만을 넘었다 - 옮긴이). 이 숫자는 미국 전체 인구수를 초과한다(푸에르토리코를 포함해서 말이다). 여기에 1억 2,500만 명의 마이스페이스 유저와 트위터, 스포티파이 등을 합치면 왜 온라인 마케팅이 전통적인 마케팅 매체를 추월하기 시작했는지 그 이유를 알 수 있다.

이러한 소셜네트워크들은 그 규모와 함께 우리의 일상생활에서 차지하는 비중도 점차 커지고 있다. 베레스포드 리서치Beresford Research의 '온라인 소셜네트워크 활용Use of Online Social Networks'이라는 논문을 보면, 미국인들을 대상으로 실시한 설문에서 자신이 선호하는 대인접촉 방식으로 대면 접촉에 이어 소셜네트워킹이 2위를 차지했다. 또한 응답자의 대다수가 소셜네트워크에서 얻은 정보와 조언이 자신들의 구매결정에 영향을 미친다고 말했다. 사람들은 이런 사이트에서 단순히 친목만 도모하는 것이 아니다. 사이트상에서 사람들은 정보를 서로 교환하며 넘쳐나는 상품과 서비스, 브랜드 중 선택을 위한 조언을 동류집단으로부터 구하고 있다.

하지만 새로운 미디어 플랫폼은 기회와 함께 새로운 도전과제를 던져준다. 새로운 플랫폼에서 성공하려면 전통 미디어와는 다른 법칙이 필요하다. 대화 기반의 플랫폼에 어느 날 갑자기 등장해서 사람들의 관심을 끌어내기란 불가능한 일이다. 고객들은 바보가 아니다. 성공하려면 브랜드는 의도를 노골적으로 드러내서는 안 된다. 대신 신뢰를 얻으며 고객의 삶 속으로 스며들어갈 수 있는 방법을 찾아야 한다. 어떻게? 사람들이 관심을 갖고, 다른 사람들과도 나눌 수 있는 브랜드 및 상품과 관련한 아이디어와 콘텐츠를 제공하는 것이다. 다시 말해, 신뢰할 수 있는 방식으로 사람들의 관심을 이끌어내어 브랜드를 촉매로 대화를 유도하는 것이다.

앞서 언급했듯이 이러한 참여형 마케팅은 어떤 브랜드에게는 종전의 마케팅·광고방식에 대한 수정을 의미할 수 있다. 이제는 브랜드가 타깃 고객을 존중하고 동등한 대화 상대로 대우하는 것이 매우 중요하다. 이제 브랜드는 뭔가를 팔려고 달려드는 광고업자가 아니라 친구 같은 느낌으로 다가가야 한다. 소비자의 마음을 돈으로 살 수 있는 시대는 지났다. 이제는 그들의 마음을 얻어야 한다.

소셜미디어 마케팅에 관한 다섯 가지 법칙

1. **부가가치:** 브랜드가 대화에 부가할 수 있는 가치는 무엇인가? 대화에 어떠한 기여를 할 수 있는가?

2. **참여:** 사람들을 참여시키라. 단순한 정보 전달만으로는 부족하다. 스토리텔링이 중요하다. 고로 기회가 될 때마다 고객이 브랜드와 상호작용할 수 있게 하라.

3. **언어 선택:** 이것은 대화이지 판촉문구가 아니다. 마케팅 언어를 버리고 친구와 대화하는 것처럼 소비자에게 말하라.

4. **진정성:** 사람들은 바보가 아니다. 소셜미디어에서 브랜드를 소개할 때는 자연스럽고 진정성이 느껴지는 방식으로 해야 한다.

5. **측정:** 결과 측정은 그 어느 때보다 쉬워졌다. 명확한 캠페인 목표와 함께 달성하고자 하는 결과에 대한 벤치마크를 설정한 후, 이를 기준으로 캠페인의 효과를 측정한다.

트랙 20. 온라인 뮤직 마케팅

지난 10년 동안 가장 인기를 끈 온라인 서비스들의 중심에는 음악이 있었다. 1999년 등장한 냅스터에서부터 선풍적인 인기의 마이스페이스, 애플 아이튠스, 파이럿 베이, 그리고 최신 소셜 뮤직 서비스인 라스트에프엠, 그루브샤크, 스포티파이까지, 온라인 뮤직의 성장은 멈출 기세를 보이지 않는다.

트위터는 블립에프엠Blip.fm, 아이밈Imeem, 트위트뮤직 트위티튠스Tweetmusic Twitty Tunes 등을 포함한 10개 이상의 뮤직 서비스들을 연결하고 있다. 엔터테인먼트미디어리서치의 조사에 따르면 소셜네트워크상에서 이뤄지는 전체 활동 중 절반 이상이 음악과 관련한 것이며, 다섯 명 중 두 명이 자신의 개인 프로필에 음악을 삽입한 것으로 나타났다. 인터넷이 처음 등장했을 당시부터 지금까지 온라인 뮤직은 전 세계적으로 참여와 상호작용을 일으키는 촉매제가 되었고, 현재의 소셜네트워크에서는 그 역할이 더욱 두드러지게 나타나고 있다.

이쯤 되면 당신도 이제 음악을 이용한 온라인·소셜네트워크 마케팅을 시작할 마음의 준비가 되었을 것이다. 좋다! 우선 첫 단계로 브랜드에 가장 큰 이익을 가져올 음악활동 유형을 파악해야 한다. 이를 위해 먼저 브랜드가 커뮤니티와 소셜네트워크상에서 달성하고자 하는 목표를 정해야 한다. 음악과 관련한 전략이나 아이덴티티를 이미 설정한 회사들은 벌써 한발 앞서가고 있는 것이다. 왜냐하면 이들 회사는 온라인 플랫폼에서 음악이 수행할 역할을 이미 정해 놓았을 가능성이 높기 때문이다. 플랫폼 유형과 상관없이 대부분 브랜드들이 음악을 통해 추구하는 목표는 다음과 같이 요약된다.

- 아티스트와 음악을 통해 타깃 그룹의 마음에 의도한 연상효과를 일으킴으로써 브랜드자산을 제고한다.
- 타깃 그룹 내에서 브랜드 인지도를 높이고, 상품 출시를 전후로 입소문을 유발한다.
- 브랜드와 고객 간의 관계를 강화하고 부가가치를 제공함으로써 브랜드 팬을 확보한다.

당신이 달성하고자 하는 목표에 따라 추진해야 할 플랫폼이 결정된다. 당신의 핵심 고객들이 자주 이용하는 사이트가 무엇이며, 거기서 무엇을 하는지, 그들은 서로 어떻게 상호작용을 하는지 등을 알아야 한다. 이들 플랫폼을 이용한 성공 사례들을 살펴보고 교훈을 찾아보라. 플랫폼이 결정되면 이제는 선택한 플랫폼과 타깃 고객에 가장 잘 부합하는 음악활동의 유형, 아티스트 음악을 선택한다.

아티스트 협업

전략적인 아티스트 협업은 신규 고객 확보와 바람직한 브랜드 연상효과를 창출하기 위한 효과적인 방법이다. 하지만 몇 가지 주의사항이 있다. 아티스트를 선정할 때 자사의 브랜드 역사를 명확하고 신뢰할 수 있는 방식으로 전달할 수 있는 사람인지, 그리고 그 브랜드와 장기간 협업할 의지가 있는지 여부를 꼭 따져보아야 한다. 아티스트와 그의 음악 그리고 타깃 고객 간에 이미 대화가 진행된 경우가 종종 있다. 이런 상황이라면, 브랜드는 팬들이 음악을 다운로드하고 이들만의 특전을 누릴 수 있는 브랜드 기반의 플랫폼을 제공함으로써 자연스럽게 그들의 대화에 낄 수 있다.

상품 출시

잘 계획된 뮤직 이니셔티브는 신상품 출시에 발맞춰 추가적인 판촉효과를 제공할 수 있다. 일례로 구매 시 다운로드할 수 있는 곡을 제작해 충성 고객을 확보하고 입소문을 만들 수 있다. 몇 년 전 영국 네슬레^{Nestle}는 초코바 킷캣^{Kit Kat}을 위한 온팩 프로모션^{on-pack promotion}으로 '뮤직 브레이크^{Music Break}'를 실시했다. 킷캣 웹사이트 방문자는 3,500만여 곡 중에서 시대별, 장르별, 완벽한 휴식 플레이리스트, 심지어 '킷캣 Top 20'까지 검색해 노래를 무료 다운로드할 수 있었다. 콜라, 초코바 등 상품을 사면 음악이 무료 제공되는 판촉행사는 이외에도 수없이 많다. 그 이유는? 잘 팔리기 때문이다.

한 발 더 나아가 고객들이 자신이 좋아하는 뮤직 트랙을 리믹스할 수 있게 해주는 브랜드도 있다. 하이네켄이 자사 온라인 프로그램인 '그린 룸 세션Green Room Sessions'에서 시도한 것이 바로 이것이다. 유럽 전역에서 판촉 특별행사로 진행된 아티스트와 DJ들의 라이브공연과 함께 하이네켄은 온라인 뮤직 스튜디오를 개설해 타깃 그룹이 직접 트랙을 제작해 친구들과 공유할 수 있도록 했다. 이렇게 소비자가 직접 참여하는 뮤직 이니셔티브는 이들로 하여금 자신이 그 브랜드의 공동제작자라는 느낌을 갖게 함으로써 브랜드에 대한 애착을 높여 준다.

말리부 럼Malibu Rum의 '라디오 말리붐 붐Radio MaliBoom Boom' 웹사이트는 참여형 인터랙티브 경험을 위해 특별 제작됐다. 온라인 방문자들은 자신이 만든 오리지널 믹스를 공유할 수 있다. 그리고 라디오 말리부 프로젝트에 참여해 자신의 작품이 피처드 플레이리스트featured playlist에 오를 수 있는 기회를 노릴 수도 있다. 이외에도 방문자들은 다양한 인터랙티브 게임과 무료 음악 다운로드, 비디오도 즐길 수 있다.

일본 패션브랜드 유니클로^{Uniqlo}는 음악과 상호작용을 결합해 큰 성공을 거두었다. 유니클로 웹사이트 방문자들은 인터넷상에서 MP3 파일을 사용해 오리지널 유니클로 튠^{tune}을 직접 만들 수 있다. 게다가 유니클로 히트텍 상품라인을 착용한 유명모델이 당신이 만든 오리지널 송에 맞춰 춤도 춘다. 이처럼 뿌듯한 일이 또 있을까?

어떤 음악을 선택하든지 그 음악은 무료로 제공되어야 하고, 온라인 팬들 사이에서 쉽게 퍼질 수 있어야 한다. 다시 말해 복사방지 처리^{copy-protected}된 음악은 가능한 한 피해야 한다. 결과적으로 다른 사람에게 전달할 수 없는 음악이라면 사람들 사이에서 바이러스 효과를 기대하긴 힘든 일 아닌가?

물론, '공짜' 음악을 쉽게 접할 수 있는 환경에서라면 단순히 음악을 제공하는 것만으로는 주목을 끌기가 쉽지 않을 것이다. 입소문을 진정 원한다면 고객에게 그들이 다른 그 어디에서도 찾을 수 없는 독점적인 콘텐츠나 기회를 제공해야 한다. 이전 앨범에 공개되지 않은 트랙이나 곧 발매될 음반을 미리 살짝 공개하는 방법, 아티스트 독점 인터뷰나 콘서트 초대권, 아티스트에게 브랜드 음반을 취입하게 하는 등의 방법을 동원해 브랜드에 대한 바이러스 효과를 더욱 높일 수 있다.

예: 카시오Casio는 젊은 신인 아티스트 픽시 로트Pixie Lott와 손잡고 베이비지Baby-G 패션시계라인에 대한 판촉에 나섰다. 당시 카시오는 콘테스트를 열어 행운의 당첨자들에게 베이비지 제트기를 타고 두 차례의 픽시 로트의 프라이빗 쇼에 갈 수 있는 특전을 제공했다. 당첨자들은 또한 픽시 로트 베이비지 한정판 시계를 차고 주변 친구들의 부러움을 한 몸에 사는 영광을 누렸다. 프라이빗 베이비지 콘서트는 베이비지 웹사이트에 라이브로 중계되어, 행운을 누리지 못한 팬들도 이 특별한 공연을 지켜볼 수 있게 했다.

소셜미디어 뮤직 마케팅을 위한 5가지 성공 요소

1. **부가가치를 창출하라** 당신의 뮤직 이니셔티브가 타깃 그룹에 어떤 부가가치를 창출하는가? 입소문이 날 만한 것인가?
2. **브랜드를 밴드에 매치시키라** 밴드나 아티스트와의 협업은 원하는 브랜드 연상을 만들어내는 효과적인 방법이 될 수 있다. 브랜드와 아티스트가 핵심 가치를 공유하고 친구같이 느껴지게 하라.
3. **차별화하라** 세상은 공짜 음악으로 넘쳐난다. 고로 고객들에게 다른 데서는 찾을 수 없는 음악과 콘텐츠를 제

공해야 한다. 한정판 트랙, 비디오, 라이브 레코딩 등은 공연장 무대 뒤를 출입할 수 있는 백스테이지 패스 다음으로 좋은 것이다.

4. **사람들이 음악을 공유할 수 있게 하라** 입소문을 원한다면 복사방지 처리되지 않은 음악을 제공해야 한다. 그래야 사람들이 쉽게 공유할 수 있다.

5. **분석하라** 모든 뮤직 이니셔티브는 타깃 그룹 행동과 취향에 관한 깊은 통찰을 토대로 기획해야 한다.

 인텔 파워 뮤직

음악과 소셜네트워킹 결합의 가장 성공적 사례 중 하나로 세계적인 프로세서 칩 제조업체 인텔을 들 수 있다. 인텔은 많은 아티스트들이 자사의 기술을 이용해 작곡을 하고 있음을 간파했다. 심층조사를 실시한 결과, 유럽 내 약 180만 명의 작곡가들 중 대다수가 오피니언 리더로서 다른 소비자들의 IT 제품 구매 결정에 영향을 미치고 있다는 사실이 드러났다. 이에 인텔은 이들 그룹의 신뢰를 얻음으로써 전체 고객 수요를 증가시킬 방안을 찾기 시작했다.

인텔은 다음과 같은 목표를 설정했다.

- 아티스트, 밴드들과 인텔의 기술, 상품, 브랜드 간에 탄탄한 관계를 구축한다.
- 전문적인 작곡작업에 인텔의 고품질 기술과 상품이 필요하다는 메시지

를 전달한다.

- 오피니언 리더, 즉 뮤직 아티스트들이 이 인텔의 가치를 지지하고 이를 자신의 팬들에게 전달하게 한다.
- 인텔에 대해 즉각 '바른 종류(right kind)'의 긍정적 가치들을 연상할 수 있게 한다.

솔루션

인텔은 소셜네트워킹 사이트인 마이스페이스에 '인텔 파워 뮤직(Intel Powers Music)'이라는 커뮤니티를 개설했다. 이 커뮤니티에서 아티스트들은 자신의 곡 4개가 들어 있는 뮤직 플레이어를 이미 무료로 제공받고 있었다. 인텔은 여기에 뭔가 가치 있는 것을 추가함으로써 인텔 기술이 작곡 과정을 어떻게 간소화하고 개선할 수 있는지 보여주기를 원했다. 그래서 인텔은 커뮤니티 회원들이 다섯 번째 곡을 자신의 플레이어에 추가할 수 있게 했다. 또한 음악 전문가인 아티스트, 프로듀서 등과 함께 팀을 구성해 작곡 관련 팁과 조언을 제공했다.

하지만 인텔은 이 프로젝트에서 아티스트뿐 아니라 팬들과 음악을 사랑하는 모든 사람을 타깃으로 정했다. 그래서 인텔은 마이스페이스 오픈 섹션에 '인텔수퍼그룹(Intel SuperGroup)'을 개설해 팬들이 직접 앨범커버를 디자인하고 다른 여러 가지 활동에 참여할 수 있도록 했다. 이를 통해 인텔은 팬들이 작곡과정에 공동제작자로 참여할 수 있게 함으로써 인텔의 캠페인과 브랜드 경험에 대한 고객참여도를 높이고자 했다.

'인텔 파워 뮤직' 캠페인은 디지털뿐 아니라 전통 미디어에서도 큰 반향을 일으켰다. 이 웹페이지는 무려 600만 건이 넘는 조회수를 기록했고 46여

개국에서 4만 2,000명 이상이 커뮤니티에 가입했다. 인텔을 친구로 추가한 밴드와 아티스트들의 수가 대략 1만 9,000명이었다. 인텔이 실시한 후속 조사 결과 응답자의 33% 이상이 마이스페이스에서 실시한 인텔 캠페인을 기억했다.

이 캠페인은 음악을 통해 신뢰할 수 있는 방식으로 고객에게 가치를 제공하고, 타깃 그룹의 참여를 이끌어내면서 브랜드 인지도를 제고하는 방법을 보여주는 교과서적 사례다. 사실 고객이 되게 하기는 쉽다. 하지만 인텔이 거둔 진짜 성과는 브랜드의 진정한 팬으로서 브랜드 메시지를 다른 이들에게 전달할 수 있는 브랜드 지지자를 만들어 냈다는 데에 있다.

트랙 21. 모바일 뮤직 브랜딩

2007년 밀워드브라운이 실시한 브랜드 에이엠피 설문조사에서, 살면서 가장 없어서는 안 될 미디어 형식이 무엇이냐는 질문에 대부분의 응답자가 TV 또는 유선전화를 꼽았다. 하지만 지금은 상황이 많이 달라졌다. 퓨 인터넷&아메리칸 라이프 프로젝트Pew Internet & American Life Project의 최근 설문조사에 따르면 응답자의 절대다수가 휴대폰이나 인터넷이 없는 삶은 상상할 수 없다고 대답했다.

음악과 휴대폰은 비교적 짧지만 깊은 동반의 역사를 지녔다. 주요 이동통신사들은 음악을 활용한 신규고객 유치활동을 전개해왔다. 이들 중 상당수가 가입자에게 월정액을 받고 사실상 무제한 뮤직 패키지를 제공했다. 젊은 세대 휴대폰 사용자들은 휴대폰의 음악기기 사양에 특히 민감하다. 간단한 문자메시지나 SMS로 주문가능한 벨소리서비스는 도입되자마자 큰 인기를 끌었다. 오늘날 벨소리는 내 어린 시절의 티셔츠처럼 자신이 어떤 사람인가를 말해주는 정체성의 표식이 되었다.

그렇다면 브랜드는 이러한 모바일 플랫폼에서 브랜드자산을 구축하기 위해 어떤 방식으로 음악을 사용할 수 있을까? 이에 대한 답은 당신의 브랜드가 추구하는 목표에 따라 달라질 수 있다. 이미 뮤직 아이덴티티를 정립한 브랜드에 있어 모바일 기기는 고객에게 독특하고 일관성 있는 브랜드 인상을 전달하는 또 하나의 플랫폼을 제공해 준다. 특정한 브랜드 사운드 로고나 테마송은 일종의 모바일 명함처럼 휴대폰에 손쉽게 구현될 수 있으며, 모바일 플랫폼은 앨범 발매를 위한 매체로 점점 더 각광받고 있다. 마케팅과 기술활용의 첨단을 걸어 온 밴드 유투U2는 소매점 판매시점에 한참 앞서서 블랙베리 휴대폰을 통해《No Line on the Horizon》앨범을 발매했다.

사은행사에서 휴대폰과 음악을 활용함으로써 판매와 마케팅을 촉진하는 새로운 기회를 마련할 수 있다. 예를 들어, 매장에서 상품을 일정 횟수 이상 구매한 소비자에게 다운로드할 수 있는 특별한 벨소리를 제공하는 것이다. 2008년 펩시는 머라이어 캐리, 메리 제이 블라이즈, 올 아메리칸 리젝스와 함께 '쿨톤Cool Tones' 캠페인을 실시했다. 펩시 구매 고객에게 이들 가수가 직접 작곡해 부른 벨소리 다운로드 쿠폰이 제공됐다. 머라이어 캐리는 그녀의 오리지널 벨소리 중 하나를 TV광고에서 직접 부르기도 했다. 이러한 캠페인을 통해 소중한 매장공간을 차지하지 않고도 고객에게 충분한 구매 인센티브를 제공할 수 있다.

 환타 스텔스 사운드 시스템

환타(Fanta)는 주로 십대를 타깃으로 하는 청량음료 브랜드다. 모든 사람이 인정하는 십대의 특징은 바로 휴대폰 없이는 못 사는 세대라는 것이다. 그래서 환타가 개발한 것이 25세 이상의 성인에게는 들리지 않는 사운드로 자기들끼리 커뮤니케이션 할 수 있는 휴대폰 애플리케이션이다(앞서 언급했던 '모기 알람'과 비슷한 원리다). 환타의 스텔스 사운드 시스템(Fanta Stealth Sound System) 애플리케이션은 6,000만 개 이상의 음료캔과 유튜브를 통해 판촉에 들어갔다. 최근 집계 결과, 환타의 웹사이트는 다운로드 40만 건을 돌파하는 기록을 세웠다. 참으로 경이로운 성과가 아닐 수 없다.

인터뷰: 현실 세계에서 얻은 통찰

"팬들이 어떤 방식으로 음악을 소비하고, 음악과 상호작용하는지를
이해하고 적용하는 것이 캠페인 성공의 관건이다."

—사라 틴슬리, 바카디 글로벌브랜드 경험마케팅 매니저

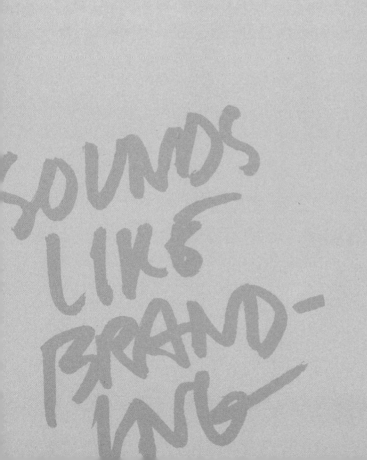

뮤직 마케터의 이야기 속으로

현재 마케팅과 음악산업, 이 두 분야가 교차점에 서 있다는 데는 이론의 여지가 없다. 이 장에서 언급된 지식, 이론, 모델들은 리서치와 뮤직 마케팅 성공 사례 분석 그리고 내가 이 분야 컨설턴트로서 얻은 개인 경험을 근거로 한 것이다. 하지만 내가 가장 많은 통찰을 얻은 것은 브랜딩 및 음악 분야 전문가들과 나눴던 일상 대화를 통해서였다.

특히, 뒤이어 소개할 세 명의 뮤직 브랜딩 전문가는 나를 뮤직 브랜딩의 잠재력에 눈 뜨게 해준 은인들이다. 이들은 음악 문화와 상업을 한데 묶어 뮤직 브랜딩의 새 지평을 연 사람들이다.

트랙 22. 사라 틴슬리,
바카디 글로벌브랜드 경험 마케팅 매니저

나는 세계 곳곳에서 열린 여러 뮤직·마케팅 트레이드쇼에서 사라 틴슬리와 함께 강연자로 서는 영광을 누렸다. 그녀의 강연을 수없이 들었지만 들을 때마다 나는 늘 새로운 것을 배운다. 최근 바카디의 글로벌브랜드 경험마케팅 매니저로서 틴슬리는 바카디의 글로벌 음악전략을 개발하고 실행하는 책임을 맡고 있었다(앞장에서 언급한 바카디-그루브 아마다 협업도 틴슬리가 담당한 프로젝트다). 바카디에 합류하기 전 틴슬리는 레드불에서도 마케팅 매니저로 일한 바 있다. 폭넓은 경험과 날카로운 전략적 사고를 바탕으로 틴슬리는 뮤직 브랜딩 분야의 새 지평을 열고 있다. 이제부터 그녀의 이야기를 들어보자.

바카디가 그루브 아마다와 협업을 하게 된 계기가 궁금합니다. 그리고 협업을 시작하면서 세운 총체적인 목표가 무엇이었습니까?

브랜드의 핵심목표는 24세 타깃 소비자들에게 브랜드에 대한 친근감을 심어주자는 것이었어요. 또 그루브 아마다와의 미디어 제휴를 통해 브랜드의 핵심 메시지를 전 세계에 전달할 수 있다고 확신했죠. 그 외에도 미디어 프로필을 통해 음악 전략 경쟁력을 확보하고 글로벌 아티스트를 기용해서 제각각 분산됐던 시장들을 하나로 통일하는 것이 우리가 세운 목표였습니다.

전 세계의 주목을 이끌어내신 데는 이론의 여지가 없어 보입니다. 지난 몇 년간 이렇게 전 세계적인 반향을 이끌어 낸 뮤직 브랜딩 프로젝트를 찾아보기 힘든데요. 이 프로젝트를 통해 달성한 결과를 좀 말씀해 주세요.

사실 우리는 이 캠페인을 통해 기대했던 모든 마케팅 목표를 초과 달성했어요. 리서치 결과를 보면 타깃 고객 사이에서 33%의 브랜드 인지도와 77%의 긍정성 점수를 받았어요. 이러한 성과는 미디어 투자비용을 한 푼도 들이지 않고 이룬 것이라 의미가 더 큽니다. 우리 브랜드의 핵심 메시지가 70% 이상의 매스컴을 통해 전달되었고, 월스트리트저널, 채널4뉴스, 마케팅위크, BBC라디오원, 빌보드 등 공신력 있는 채널을 통한 매스컴 보도 가치는 약 1,500만 달러로 추산하고 있어요.

놀랍네요. 이런 성과를 거두는 과정에서 얻게 된 교훈이 많았을 것 같습니다. 음악을 전략적으로 활용하고자 하는 마케터들과 브랜드 매니저들이 반드시 고려해야 하는 요소에는 무엇이 있을까요?

음악은 강력하고도 감성적인 방식으로 청중에게 영향을 미치는 매우 효과적인 커뮤니케이션 매체입니다. 그래서 음악은 브랜드에 대한 인식까지도 바꾸어 놓을 수 있죠. 무엇보다도 저는 브랜드 매니저들에게 브랜드 커뮤니케이션에서 음악의 역할을 전략적으로 접근할 것을 조언하고 싶어요. 그리고 시작단계에서부터 목표를 분명하게 설정하는 것이 중요합니다. 어떤 음악이 되었든 브랜드 DNA에 부합하고, 타깃 고객을 매료시키는 것이 핵심이죠.

바카디의 디지털 뮤직 플랫폼 B라이브 셰어B-Live Share의 개발과 런칭에도 참여하신 걸로 아는데요. 이 프로젝트에 대해서도 한 말씀해 주시죠. 그리고 디지털 환경에서의 뮤직 브랜딩에 대한 개인적인 경험도 듣고 싶습니다.

바카디 B라이브 셰어는 브랜드를 위해 한정판으로 제작한 그루브 아마다 EP를 배포할 목적으로 특별 제작한 디지털 플랫폼입니다. 팬들에게 EP에 담긴 네 개 트랙 중 하나를 다운로드해 친구와 공유할 수 있게 했죠. 나머지 세 개 트랙은 첫 번째 트랙 공유횟수에 따른 보상으로 제공되었습니다.

여기서 우리는 두 가지를 고려했어요. 첫째, 우리가 원하는 브랜드 연상효과를 창출하는 것. 둘째, 음악이 일정 수준의 가치를 유지하게 하는 것. 프로젝트 결과는 당초 기대를 뛰어넘어 총 4만 3,000건의 트랙 다운로드를 기록했습니다. 음악은 '디지털 음악 공간'에서 특히 잘 먹히는데, 그 이유는 청중의 대다수가 이 디지털이라는 공간에서 음악을 발견하고 소비하기 때문이죠.

지난 수년간 뮤직 마케팅에 몸담아 오면서 겪은 재미있는 체험담이나 교훈, 통찰을 나눠 주시죠.

소비자에 대한 통찰이 성공의 필수 요소입니다. 고객의 행동과 그 행동을 유발하는 동인을 가장 먼저 생각해야 하죠. 팬들이 어떻게 음악을 소비하고, 어떻게 음악과 상호작용하는지 이해하고 적용하는 것이 캠페인 성패를 좌우합니다.

마지막으로 강조하고 싶은 것은 음악은 아주 강력한 브랜드 커뮤니케이션 수단이라는 겁니다. 브랜드는 음악을 통해 젊은 청중에 다가갈 수 있고, 소비자들은 브랜드 메시지를 더 의미 있게 받아들이게 됩니다. 음악은 소비자의 감성에 어필해 브랜드를 긍정적으로 받아들이게 하는 힘이 있어요.

트랙 23. 우뭇 오자이딘리,
코카콜라 글로벌 음악 마케팅 매니저

코카콜라에서 '음악'이란 단어가 들어간 직함을 최초로 사용한 직원인 우뭇 오자이딘리는 코카콜라의 글로벌 음악 마케팅 매니저로 일하고 있다. 오자이딘리는 아티스트 협업, 제품 관련 문구를 가사 등에 삽입하는 음악 보증광고music endorsements 등 뮤직 브랜딩에 관련한 모든 것을 총괄한다. 그는 또한 전 세계 브랜드 매니저들을 대상으로 뮤직 브랜딩 교육을 실시하고 있다.

한마디로, 그는 아주 바쁜 사람이다. 트위터와 페이스북, 뮤직 박람회 등을 통해 끈질기게 연락을 주고 받은 끝에 마침내 오자이딘리와 한자리에 마주앉을 수 있었다. 마케팅에서 음악의 역할과 브랜드 구축에 활용할 수 있는 음악의 잠재력에 대한 그의 생각을 들어 보았다.

우선 코카콜라 역사에 있어 음악이 차지한 위치와 그것을 통해 배울 수 있는 교훈이 무엇인지요?

음악은 코카콜라 DNA의 일부라 해도 과언은 아닙니다. 코카콜라는 음악에 대한 뜨거운 열정을 가지고 있죠. 창립 이후 줄곧 음악은 우리 마케팅의 일부로 자리잡았습니다. 코카콜라와 아티스트의 협업의 역사는 1900년대 초까지 거슬러올라갑니다. 당시 유명 오페라 가수들이 우리 인쇄광고에 등장한 것을 시작으로 그 역사는 지금까지 이어져오고 있습니다.

물론 이후 많은 변화가 있었습니다. 현재 우리는 다양한 방식으로 음악을 활용하고 있어요. 초기에는 음악을 광고에 삽입하는 정도의 다소 일차원적인 접근에 머물렀죠. 그 후 아티스트, 이벤트, 페스티발 후원의 형태로 발전했습니다. 하지만 음악이 우리 브랜딩 활동의 중심에 자리잡게 된 것은 최근 15년간의 일입니다. 우리는 현재 코카콜라만의 독특한 브랜드 뮤직 프로그램과 상품 전략에 음악을 적극적으로 활용하고 있습니다.

최근 몇 년, 새로운 디지털 기술의 등장으로 사람들이 음악을 소비하는 방식이 과거와 크게 달라졌어요. 이러한 변화는 코카콜라 브랜드에 새로운 기회를 열어주고 있습니다. 특히 소셜미디어와 그곳에서 우리의 청중이 상호작용하는 방식을 생각할 때 그 기회는 무궁무진합니다.

마케팅에서 음악만 할 수 있는 독특한 역할이 있다면 무엇입니까?

음악은 사람의 감정에 직접 호소하고 심적 상태를 바꾸어놓는 마법과 같은 독특한 힘이 있어요. 음악을 제대로 선택하기만 하면 TV광고든 이벤트든 모든 형태의 커뮤니케이션에서 부가가치를 창출할 수 있습니다. 뿐만 아니라 음악은 항상 경험을 향상시켜주죠.

또한 판촉활동에 잘 맞는 음악을 사용하면 매출을 크게 늘일 수 있습니다. 아티스트 제휴를 통해 타깃 고객 사이에서 브랜드 인지도와 신뢰도를 높일 수도 있어요. 하지만 가장 중요한 것은 음악은 마케팅과 커뮤니케이션을 전혀 새로운 차원으로 끌어올릴 수 있다는 겁니다. 음악은 브랜드가 청중과 좀 더 깊은 차원에서 소통할 수 있게 해주거든요.

뮤직 마케팅이 가진 잠재력과 도전과제는 무엇이라 생각하시는지요?

음악은 전 세계 어디에나 있어요. 하지만 동시에 매우 지역적인 성격을 띠기도 합니다. 시장들을 들여다보면 70~80%의 소비가 자국 음악과 관련되어 있습니다. 그렇기 때문에 모든 시장에서 먹히는 음악 컨셉을 개발하는 것이 쉽지 않습니다. 하지만 불가능한 것도 아니지요. 코카콜라가 최근 진행 중인 '오픈 해피니스Open Happiness' 캠페인이 좋은 예입니다. 우리는 먼저 세계적인 아티스트와 함께 글로벌 버전의 테마송을 만들었습니다. 그 뒤 시장별로 그 지역에서 잘 알려진 아티스트와 함께 현지 언어로 부른 자국어 버전의 테마송을 제작했죠. 현지 아티스트와 작업하는 과정에서 현지 소비자들에게 더 잘 어필할 수 있는 '스토리'가 탄생합니다.

새로운 디지털 환경은 코카콜라 브랜드 커뮤니케이션에서 음악의 역할에 어떠한 변화를 주었나요?

우리가 마케팅 믹스에서 음악을 어떻게 사용할 것인가라는 방식에서 변화가 있습니다. 새로운 기술로 인해 사람들은 새롭고 다양한 방식으로 음악과 상호작용할 수 있게 됐어요. 코카콜라는 이러한 변화에 발빠르게 대응하고 있습니다. 아이튠스가 나오기도 전에 우리는 유럽에서 최초로 음악 다운로드를 위한 합법 채널을 개설했습니다. 당시 사람들은 음악 다운로드를 위한 합법 채널을 찾고 있었고 우리는 그 기대에 부응했습니다.

음악업계가 현재의 난항을 어떻게 타개할 수 있다고 보십니까?

음악산업은 현재 많은 이슈에 직면해 있어요. 불법 다운로드 문제를 중심으로 많은 논의가 진행되고 있지요. 물론 이것은 심각한 문제입니다. 하지만 우리가 주목해야 하는 또 다른 이슈가 있는데, 이것은 사람들의 미디어 소비행태가 변화하고 있다는 겁니다. 음반회사도 다른 여느 회사들과 마찬가지로 전통적인 광고에만 기대서는 청중에게 도달할 수 없습니다. 현재 너무도 빠르게 미디어 세분화가 진행되고 있기 때문이죠. 하지만 코카콜라처럼 잘 알려진 글로벌 브랜드는 이미 보유 중인 다양한 마케팅 플랫폼을 통해 광범위한 미디어 확산 툴을 제공할 수 있습니다. 애플 역시 이러한 형태의 협업관계를 보여주는 좋은 예입니다. 광고에 음악을 사용함으로써 애플은 뮤직 아티스트들이 전 세계 청중에게 다가갈 수 있도록 돕고 있죠. 이것은 애플의 마케팅 플랫폼이 없었다면 불가능한 일입니다.

브랜드와 밴드 간 제휴를 고려하는 데 중요한 요소는 무엇입니까?
아티스트와 기업이 '상업주의에 영혼을 팔았다'는 오명을 피하는 방

법은 무엇일까요?

가장 먼저 해당 아티스트의 팬층의 성향을 분석해야 합니다. 어떤 밴드들의 팬은 기업과의 제휴를 못마땅하게 여기는 경우가 있어요. 비욘세 같은 아티스트는 여러 브랜드들과 가장 활발하게 협업을 하고 있는데, 이는 그녀의 팬들이 대부분 마케팅에 대해 긍정적인 태도를 가지고 있기 때문에 가능한 것입니다. 반면, 메탈리카^{Metallica}와 라디오헤드^{Radiohead}의 경우는 팬들이 용인하지 않는 브랜드와 제휴시 상당수 팬을 잃게 될 가능성이 있습니다.

아티스트와 브랜드, 서로 궁합이 잘 맞는지 확인해야 합니다. 브랜드는 아티스트의, 아티스트는 브랜드의 핵심가치에 충실하게 커뮤니케이션할 때, 그 관계는 브랜드와 아티스트 그리고 팬들을 위한 새로운 가치를 창출할 수 있게 됩니다.

뮤직 마케팅의 투자수익률은 어떻게 계산하십니까?

예술과 과학 간의 균형이 코카콜라의 마케팅 신조입니다. 이러한 믿음은 음악에도 적용되며, 모든 음악 작업의 결과는 정해진 기준에 따라 평가·측정됩니다. 측정 방식은 실행하는 음악 이니셔티브의 종류에 따라 달라집니다. 예를 들어 아티스트 협업의 성과는 홍보캠페인 가치로 측정합니다. 디지털 판촉활동

의 경우 음악 다운로드 횟수나 상황에 따라 적절하게 적용할
수 있는 단위로 평가될 수 있겠지요.

**뮤직 브랜딩 프로그램을 시작하기 전 마케터가 해야 할 질문은 어떤
것이 있을까요?**

마케터가 가장 빠지기 쉬운 함정 중 하나는 뮤직 마케팅 프로
그램을 개발하는 과정에서 정작 음악이 프로그램을 이끄는 가
장 중요한 마케팅 툴임을 깨닫지 못하는 것입니다. 마케터들은
이 음악활동이 어떤 방식으로 기업이 당면한 문제를 해소하는
데 기여할 것인지 자문해 보아야 합니다. 그것이 브랜드 인지
도 창출일 수도 있고, 판매량 제고 또는 소비자와 브랜드 간에
연관성을 구축하는 것일 수도 있습니다.

음악을 단순히 마케팅 프로그램에 삽입되는 일부 요소로
서가 아닌 마케팅 도전과제에 대한 해결책으로, 소비자와 연결
할 수 있는 수단으로 생각해야 합니다. 음악을 가장 강력하고
효과적인 방법으로 프로그램에 통합하는 방안도 반드시 고려
해야 하죠.

**현재 진행 중인 '오픈 해피니스' 캠페인에 대해 듣고 싶습니다. 음악
을 이 캠페인의 중심에 놓게 된 배경과 캠페인 전반적인 목표가 궁금**

합니다.

오늘날의 시장은 끊임없이 변화합니다. 거대한 혼란과 함께 급격한 미디어 세분화가 진행되고 있죠. 이런 배경에서 브랜드가 차별화를 통해 소비자의 눈에 띄기란 점점 더 힘들어졌어요. 코카콜라는 이 혼란을 어떻게 타개할 것인가 고민했습니다. 코카콜라 브랜드를 소비자에 각인시키고 매스컴 보도를 유발할 수 있는 마케팅 이니셔티브와 독특한 '자산property'을 개발하는 것이 목표였습니다. 전통적인 광고기법을 뛰어넘어 우리의 메시지를 정서적인 레벨에서 소비자와 연결해 줄 수 있는 무엇인가를 찾아야 했습니다.

이 캠페인은 어마어마한 성공을 거뒀습니다. 싱글곡이 발표된 지 하루 만에 '오픈 해피니스'라는 단어 검색횟수는 블로그상에서 무려 774% 증가했죠. 이 단어로 구글 검색순위를 조회하면 캠페인 테마송이 1위를 차지하고 있습니다. 캠페인을 통해 전통적인 커뮤니케이션 매체의 한계를 뛰어넘어 브랜드 메시지를 전달하고, 우리 브랜드를 확실히 각인시키는 데 성공했습니다. 현재 우리는 중국차트 1위의 파급효과를 실질적인 수치로 환산하는 작업을 진행 중입니다.

향후 음악과 뮤직 브랜딩의 발전에 코카콜라가 어떤 역할을 할 것으로 보십니까?

음악산업이 당면한 이슈들에 대해서는 많은 이야기가 오가고 있습니다. 하지만 오늘날의 혼란스런 미디어 환경에서 마케터들이 겪고 있는 문제들에 대해서는 논의가 턱없이 부족한 실정입니다. 간단히 말하자면, 브랜드는 시장에서 겪고 있는 혼란상황을 타개하기 위해 음악의 독특한 콘텐츠가 필요합니다. 반면에 음악업계는 아티스트를 홍보하기 위해 브랜드가 보유한 마케팅 확산 툴과 자원이 필요한 것이고요.

앞으로 브랜드와 아티스트 간 협업은 점점 더 늘어날 겁니다. 디지털 신기술은 사람과 음악을 자유롭게 해주었습니다. 이런 배경에서 브랜드가 음악과 손잡을 기회는 그 어느 때보다 많아지는 것이지요. 사람들은 역사상 그 어느 때보다 많은 음악을 소유하게 되었고, 여러 경로를 통해 그 어느 때보다 많은 음악을 듣고 있습니다. 이 모든 현상은 브랜드에게 소비자와 상호작용하고 관계를 심화시킬 수 있는 새로운 기회들을 제공하고 있습니다.

마케터들은 대중을 따라가야 합니다. 오늘날의 대중은 그 어느 때보다 음악에 대한 강한 열정과 많은 지식을 갖고 있어요. 리서치를 제대로 한 브랜드들은 음악을 활용한 마케팅 방법론을 찾기 위해 더 많은 시간을 투자할 것입니다. 앞으로 우리는 더 많은 브랜드들이 자신만의 독특한 마케팅 플랫폼을 창조해나가는 것을 보게 될 것입니다.

말씀하신 새로운 형태의 협업이 현재 음악업계가 겪는 문제를 해결할 수 있을까요? 브랜드가 결국에는 음반 레이블을 대체할 날이 올까요?

아니요, 아마도 그렇지는 않을 겁니다. 하지만 브랜드가 전반적인 음악 확산과정에서 좀더 중요한 역할을 하게 될 것은 확실합니다. 우리 글로벌 브랜드팀의 레이더망은 언제나 음악을 주시하고 있습니다. 현재 코카콜라는 전통적인 스폰서십에서 진정한 파트너십으로의 대대적인 전환을 진행하고 있습니다.

바꿔 말하면 뮤직 브랜딩이 일시적인 트렌드가 아니라는 말씀이시군요?

물론이죠. 오히려 그 반대입니다. 음악은 지금보다 훨씬 더 중요해질 겁니다. 왜냐하면 사람들이 미디어를 소비하는 행태가 계속 변하고 있기 때문입니다. 한두 개의 TV채널을 통해 소비자들에게 도달할 수 있었던 전통적인 광고 시나리오는 이제 옛 시절의 이야기가 됐습니다. 지금은 너무나 많은 옵션들이 널려 있어요. 사람들은 언제나 자신이 원하는 것을 선택할 수 있습니다. 마케터들이 광고 메시지를 개인에게 '강요'할 수 있는 시대는 지났습니다. 이제는 음악에 대한 소비자의 자연스런 관심이 '견인pull' 효과를 만들어 낼 것입니다. 오히려 소비자들이 적극적으로 우리를 찾게 될 겁니다.

현재 진행 중인 사운드 작업과 코카콜라의 '소닉 브랜딩Sonic Branding'에 대해 듣고 싶습니다. 코카콜라 브랜드의 사운드를 어떻게 정의하고 계신지도 궁금합니다.

사운드와 음악은 커뮤니케이션에서 기억력을 향상시키는 매우 강력한 툴입니다. 소닉 브랜딩은 지난 15~20년간 우리 코카콜라 마케팅의 일부로 완전히 자리잡았습니다. 우리는 노키아와 맥도날드처럼 사운드를 커뮤니케이션의 필수 요소로 사용하고 있습니다. 이 부분에 대해 저는 확신이 있어요.

단적으로 '언제나 코카콜라Always Coca-Cola' 캠페인을 예로 들겠습니다. 대다수 사람들이 이 캠페인 광고의 시각적인 내용은 잘 기억하지 못합니다. 하지만 많은 사람들이 '언제나 코카콜라'라는 멜로디는 흥얼거릴 수 있죠. 멜로디는 기억과 매우 강력하게 연결되어 있습니다. 그렇기에 음악은 마케팅 메시지를 각인시키는 가장 빠르고도 효과적인 방법일 수 있습니다.

사운드와 음악을 통해 마케팅 아이덴티티는 새로운 옷을

한 겹 덧입게 됩니다. 현재 우리는 '다섯 개 음으로 된 멜로디'를 사용하고 있습니다. 이 멜로디는 코카콜라의 오디오 시그니처audio signature로 TV, 디지털, 모바일을 포함해 사운드가 들어가는 모든 브랜드 커뮤니케이션에 다 사용되고 있습니다.

트랙 24. 애나벨 러슨, 스미노프 글로벌 경험 디렉터

이제까지 시도된 가장 흥미롭고 혁신적인 뮤직 브랜딩 이니셔티브의 상당수가 주류업계에서 나왔다. 그 중에서도 스미노프Smirnoff 보드카는 음악에 대한 오랜 투자와 전세계적인 접근방식으로 단연 주목을 끈다. 성공적인 스미노프 뮤직 브랜딩의 숨은 주역, 글로벌 경험 디렉터 애나벨 러슨을 만나 보았다.

스미노프 브랜드의 사운드, 어떻게 정의하십니까?

우리 브랜드는 독창성과 파격을 핵심 가치로 추구합니다. 이제까지 진행된 모든 뮤직 이니셔티브들이 이를 잘 보여주고 있죠.

음악이 스미노프 브랜드의 어떤 특징을 부각시킨다고 보십니까?

음악과 스미노프라는 브랜드는 누가 봐도 딱 떨어지는 궁합을 이룹니다. 스미노프는 세계 판매 1위의 프리미엄 보드카입니다. 다른 어떤 브랜드보다 사교의 장 그 중심에 자리잡고 있다 해도 과언이 아니죠. 우리는 세계 최고 품질의 술과 환상적이면서도 독특한 밤문화 경험을 고객에 제공하는 것을 목표로 하고 있습니다. 이 목표를 달성하는 데 에너지와 활력을 북돋아주는 음악을 빼놓는 것은 상상할 수도 없죠.

스미노프 같은 글로벌 브랜드에서 일하면서 발견한 놀라운 사실이 있는데, 음악은 정말 전 세계에서 통용되는 보편적인 매체라는 것입니다. 음악은 모든 문화 장벽을 뛰어넘어 전 세계 사람들을 하나로 묶는 힘이 있습니다. 참으로 많은 보람을 느끼게 하는 작업이죠.

스미노프 나이트라이프 익스체인지 프로젝트 Smirnoff Nightlife Exchange Project**라는 글로벌 뮤직 브랜딩 이니셔티브가 최근에 진행된 것으로 압니다. 어떤 발상으로 이 프로젝트를 시작하게 되셨나요?**

스미노프 글로벌 커뮤니케이션 캠페인 '비 데어Be there'의 일환으로 진행된 이 프로젝트는 스미노프 역사상 가장 큰 야심작이라 할 수 있습니다. 간략하게 말해, 우리 소비자들이 훗날 회상하며 "내가 바로 거기 있었지.I was there"라고 자랑스럽게 말할 수 있는 일생일대의 경험을 제공하는 것을 프로젝트 목표로 설정했습니다.

스미노프 나이트라이프 익스체인지 프로젝트를 통해 우리는 세계 14개 도시의 밤문화를 하룻밤 동안 서로 교환하여 경험하게 했습니다. 우리는 먼저 전 세계 소비자들에게 자국의 밤문화에서 가장 좋은 요소가 무엇인지 페이스북을 통해 알려 달라고 요청했습니다. 주류, 음악, 패션, 테마 등 카테고리 별로 아이디어를 취합한 후 14개국의 큐레이터들에게 취합된 아이디어들을 토대로 독특한 밤문화 경험을 만들어 줄 것을 주문했습니다.

이제까지 우리가 시도했던 것 중 가장 야심찬 프로젝트였던 이 나이트라이프 익스체인지 프로젝트는 결과 면에서도 가장 성공적이었습니다. 우리 브랜드에 관한 대화에 참여하는 능동적 실소비자active consumer 수를 성공 측정의 주요 파라미터로 사용하고 있는데요. 현재까지 우리 브랜드의 온라인 커뮤니티가 38% 이상 증가했습니다. 이것은 스미노프가 다른 어떤 보드카 브랜드보다 더 많은 페이스북 팬을 확보하고 있다는 뜻이죠.

방금 언급하신 부분인데요, 뮤직 브랜딩 이니셔티브에 대한 투자수익률을 측정하는 방식에 대해 좀 더 자세하게 설명해 주시죠.

우리는 이니셔티브의 결과를 측정하는 데 여러 가지 방법을 사용합니다. 우선 메시지 도달범위 즉, 우리의 PR 이니셔티브를 통해 얼마나 많은 사람들에게 브랜드 메시지를 전달했는가를 봅니다. 얼마나 많은 사람들이 아이디어를 제출하거나 대회에 참여했는가? 페이스북이나 다른 SNS 채널 상에서 우리 커뮤니티가 증가했는가? 등을 봅니다. 그 다음 우리는 사람들의 참여 수준을 조사합니다. 팬들이 어떤 방식으로 우리와 상호작용하는가? 이들은 투표에 참여하는가? 댓글을 남기는가? 우리 브랜드를 좋아하는가? 우리 브랜드에 대해 어떻게 말하는가? 이것은 전통적인 광고 방식과 매우 다릅니다. 그렇기 때문에 소비자들과 실제적이면서도 진정성 있는 쌍방향 대화를 하는 것이 매우 중요합니다.

브랜드 커뮤니케이션에서 음악을 다루는 데 가장 큰 어려움은 무엇입니까?

가장 큰 어려움이 동시에 가장 큰 기회이기도 한데요. 즉 브랜드와, 함께 일하는 아티스트에 대한 진정성을 유지하는 문제입니다. 이벤트에 로고만 붙이면 소비자들이 멀리서 그것만 보고도 돈을 쓰는 그런 시대는 지났습니다.

브랜드 커뮤니케이션에 음악을 도입하고자 고민하는 브랜드 매니저들에게 실질적인 조언을 해주신다면요?

무엇보다도 먼저, 왜 음악을 사용해 소비자에게 도달하려고 하는지 그 이유에 대해 생각하는 것이 중요합니다. 타깃 그룹에 메시지를 전달하기 위한 것인지? 혹은 브랜드와 잘 맞는 아티스트와 연결하여 브랜드 인지도나 쿨한 느낌을 얻기 위한 것인지?

여느 마케팅과 마찬가지로, 뮤직 브랜딩의 목표는 오랜 기간에 걸쳐 브랜드 메시지를 깊이 각인시키고 소비자들과 연결 관계를 구축하는 것입니다. 이러한 전제 하에 여러분은 음악이라는 영역 안에서 브랜드에 대한 올바른 플랫폼을 구축해야 합니다.

여러분이 구축하는 것이 무엇이 되었든 실제적이면서도 진정성을 갖는 것이 중요합니다. 이것은 단순히 로고를 붙이거나 상거래가 이뤄지는 것 이상의 의미가 있습니다. 여러분은 팬(소비자)들에게 실질적인 가치가 있는 것을 제공해야 합니다. 다른 어느 곳에서도 발견하거나 살 수 없는 그 무엇을 제공해야 하는 것이죠.

오늘날의 커뮤니케이션에서 성공하기 위해서는 위험을 감수해야 합니다. 여러분의 직관을 믿고 부딪치면서 배우세요. 무모하지는 말되 과감해지세요. 여러분만의 새로운 장을 마련하지 못한다면 소비자들에게 새롭거나 차별화된 것을 줄 수 없습니다.

브랜드에 있어 음악 전략을 세우는 것이 중요한가요?

아주 중요하죠. 아티스트와 뮤직 파트너가 공유하는 명확한 비전이 있느냐가 성공 여부를 결정합니다. 단발성으로 여기 저기에서 이벤트처럼 일을 진행하는 게 아니고요. 스미노프는 또한 음악 문화 자체에 투자를 합니다. 단순히 음악을 이용하는 것이 아니라 투자의 개념으로 접근합니다. 우리는 이것을 개인적인 관계와 재능에 대한 장기 투자라고 봅니다. 스미노프는 장기적인 안목으로 이 일을 하고 있습니다.

뮤직 브랜딩의 미래를 어떻게 보십니까? 음악이 마케터들에게 최신 트렌드에 그치게 될까요? 아니면 더욱 적극적으로 수용하게 될 접근법으로 발전하게 될까요?

음악은 과거에도 그랬고 앞으로도 오랫동안 우리 곁에 함께할 것입니다. 음악은 사람들을 연결해주고, 그것이 바로 마케팅의 본질이니까요.

결론 :
뮤직 브랜딩 작업 시
고려사항

"음악은 감정의 속기법이다."

−레오 톨스토이

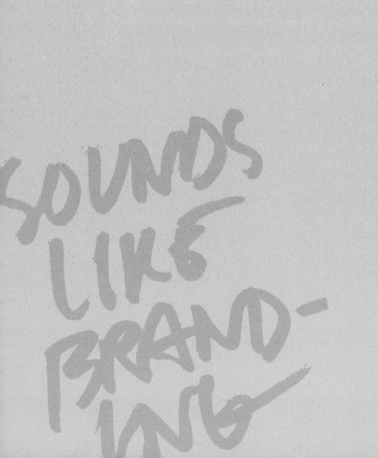

생제르망에서 맞은 블랙 먼데이

2008년 9월 15일. 그날은 마침 나의 생일이었다. 나는 생제르맹 호텔방에 편안히 앉아 CNN이 보도하는 리먼브라더스(Lehman Brothers) 파산 소식을 듣고 있었다. 화면 속의 취재기자들은 할 수 있는 모든 비관적이고 절망적인 단어를 총동원하여 훗날 '블랙 먼데이(Black Monday)'로 불려질 그 날의 사태를 전하고 있었다. 화면 하단 주식시세표시기(ticker)에는 마이크로소프트, 디즈니, 맥도날드, 인텔, 소니 등 회사 이름들이 아래로 향한 불길한 빨간색 화살표와 함께 미친 듯 지나가고 있었다.

아이러니하게도 며칠 전 나는 화면을 스친 몇몇 회사들의 브랜드 매니저로부터 '뮤직 브랜딩 전략' 설문조사에 참여하겠다는 연락을 받았다. 뉴스를 보아하니 이들에게 당장 꺼야 할 발등의 불이 떨어진 게 분명했다. 그래서 나는 금융가에 불어 닥친 폭풍이 잠잠해지기를 기다렸다.

서서히 세상은 정상으로 돌아오기 시작했다. 6개월간의 침묵 끝에 연락하기가 하늘의 별 따기보다 어려웠던 이들 브랜드 매니저로부터 이메일이 날아들기 시작했다. 예상한 것보다 다소 더 오래 걸리기는 했지만 나는 필요한 답을 얻어내는 데 성공했다. 그 결과 탄생한 것이 당신이 지금 손에 들고 있는 책에 앞서 발표된 '뮤직 브랜딩 전략(Sounds Like Branding)'이라는 제목의 연구 논문이다.

트랙 25. 문화와 상업의 아슬아슬한 경계를 걷다

앞서 여러 번 언급한 것처럼 전략적인 뮤직 브랜딩은 브랜드 인지도 제고와 고객관계 심화를 위한 수많은 기회를 창출해 낼 수 있다. 하지만 다른 마케팅 활동에서와 마찬가지로 여기에도 난관과 위험요소가 곳곳에 숨어있다. 뮤직 브랜딩에 성공하기 위해서는 문화와 상업주의의 경계에서 슬기롭게 길을 찾는 노력이 필요하며 이는 특별한 감수성과 기술을 요한다.

마케터는 먼저 음악의 세계란 자체의 고유한 가치와 룰이 존재하는 전혀 다른 문화라는 사실을 명심해야 한다. 사용어휘에서부터 프로젝트 통제, 실행 과정에 이르는 모든 것이 전통적인 비즈니스 세계와는 다르다. 또한 아티스트와 음반사들이 제휴를 통해 추구하고자 하는 목표가 기업의 목표와는 전혀 다른 경우가 많다는 사실도 기억해야 한다. 그렇기 때문에 서로가 서로의 원하는 바를 이해하고 양측이 동의할 수 있는 공동의 목표를 정하는 작업이 필수적이다.

개인의 주관적인 생각과 음악취향에 따라 뮤직 브랜딩에 관련한 결정을 하는 것도 빠지기 쉬운 함정 중 하나다. 음악은 매우 개인적인 것이다. 음악이 강력하고 효과적인 마케팅 툴이 될 수 있는 것도 바로 그 이유 때문이다. 개인적인 음악 취향과 궁극적으로 브랜드에 최선인 음악을 선택하는 두 가지 일을 분리하는 것은 매우 어렵다. 왜냐하면 우리는 음악을 커뮤니케이션 툴로서 객관적으로 바라보는 것에 익숙하지 않기 때문이다. 그렇기에 체계화된 작업방법론을 정립하고 타깃 그룹의 음악적 기호를 정확하게 파악하는 것이 중요하다. 결국 가장 중요한 것은 우리가 아닌 그들이 무엇을 원하느냐이기 때문이다.

　이러한 위험을 피하기 위해, 회사는 뮤직 브랜딩 프로젝트에 대한 명확한 목표를 설정하고 여타 마케팅 활동과 동일한 수준의 성과측정 장치를 마련해 두어야 한다. 우리 연구에 따르면 기업이 음악에 대한 투자를 꺼리는 이유 중 하나가 투자수익률을 측정하기 어렵다는 인식 때문인 것으로 드러났다. 하지만 그러한 인식은 단연코 틀린 것이다. 음악 브랜딩 프로그램 성과를 측정하는 것은 일반 형태의 커뮤니케이션 활동을 측정하는 것과 다르지 않다. 분명한 목표를 설정하고, 사용하는 마케팅 플랫폼에 적합한 측정방법과 기준을 적용하기만 하면 되는 것이다. 그루브 아마다 & 바카디 협업의 경우 발생된 미디어 가치로 성과를 측정했다. 앱솔루트 아이스바의 경우는 포커스그룹 조사결과를 사용했다.

　회사가 마케팅에 음악을 사용하는 것을 꺼리는 또 다른 요인은 저작권 소송에 휘말릴 수 있다는 두려움이다. 여느 산업과 마찬가지로 음악업계에도 자신의 자산이 상업적으로 사용되었을 때 보상을 요구하는 이해당사자들이 존재한다. 그리고 작곡가, 작사가, 아티스트, 음반사, 출판사들은 감독기관을 통해 전 세계 음악 사용 현황을 감독한다. 음악 사용을 둘러싼 저작권이라는 지뢰밭을 현명하게 통과하기 위해 전문성을 갖춘 음악 파트너와 일하는 편이 좋다. 하지만 음악 저작권과 라이선스와 관련한 기본지식을 갖추는 것은 필수다.

뮤직 마케팅에 적합한 회사는?

브랜드가 고객에 도달하기 위해 사용하는 마케팅 플랫폼의 수가 많아질수록 중요해지는 것이 명료성과 지속성이다. 그렇기 때문에 산업분야나 타깃 고객과 상관없이 모든 회사가 독특한 뮤직 아이덴티티를 확보하는 것이 매우 중요하다. 오늘날, 인텔의 다섯 개 음의 차임벨, 맥도날드의 '암 러빙 잇' 징글, 메르세데스의 '콰이어보이' 사운드 로고 등 다양한 부문의 기업들이 독특한 음악·음향 아이덴티티를 개발해 치열한 경쟁시장에서 차별화를 시도하고 있다.

우리 문화에서 차지하는 음악의 비중을 생각하면 실생활에 기반한 브랜드들이 음악을 통해 경쟁력을 확보하고자 하는 것은 당연한 현상이다. 나이키, CK, 애플 같은 브랜드들은 대중

문화 속 깊숙이 파고들어가 그 문화에 직접적으로 영향력을 미쳐야 한다. 이들 브랜드의 성공여부는 타깃 그룹이 얼마나 활발하게 이 브랜드를 소비하고, 공유하고, 입소문을 내느냐에 달려있다. 대다수의 브랜드가 제품의 특성과 장점만 가지고는 시장에서 경쟁하기 힘들다는 사실을 깨닫고 있다. 이에 브랜드들은 음악이라는 수단을 통해 소비자의 생활 속에서 브랜드의 의미와 영속성을 추구하고 있다.

엔터테인먼트미디어리서치가 실시한 설문조사에 따르면 젊은 여성들이 뮤직 브랜딩에 대해 가장 긍정적인 반응을 보이는 것으로 나타났다. 영국 소비자를 대상으로 한 동일한 설문조사에서 뮤직 브랜딩에 가장 적합한 브랜드 분야로 음료, 패션업계가 1위를, 근소한 차이로 이동통신사가 2위를 차지했다.

트랙 26. '상업주의'라는 오명을 피하려면

밥 딜런, 리한나, 크리스 브라운, 패닉! 앳 더 디스코, 그웬 스테파니. 최근 몇 년간 브랜드와 활발하게 협업하고 있는 아티스트들이다. 이런 형태의 음악 마케팅이 요새는 꽤 흔해졌지만 불과 10년 전만해도 많은 사람들이 눈살을 찌푸렸다. 당시 마케팅에 등장하는 아티스트들은 '셀링 아웃selling out(상업주의에 영혼을 팔았다-옮긴이)'이라는 비난을 받기 십상이었다. 위키피디아는 이 '셀링 아웃'이라는 표현을 '돈이나 성공, 기타 개인적 이득을 얻기 위해 자신의 진실성이나 도덕성, 원칙을 맞바꾸는 행위'로 정의한다. 세상에나! 이런 대중 이미지를 원하는 아티스트는 한 명도 없을 것이다.

하지만 기쁜 소식은 한때 터부시되던 음악과 마케팅의 결합에 대해 사회 전반에서 점점 더 수용하는 분위기로 변하고 있다는 점이다. 우리 모두는 브랜드가 이런 식으로 삶에 파고드는 것을 목격하면서 자란 세대다. 우리는 브랜드가 대중문화 속에서 중간자 역할을 하는 것을 수용하고 있다. 엔터테인먼트 미디어리서치가 영국에서 실시한 조사에 따르면 이런 형태의 협업에 대해 사람들의 인식이 점점 더 긍정적으로 변화하고 있음을 알 수 있다. 하지만 응답자의 67%가 여전히 브랜드와의 협업이 아티스트의 신뢰도를 훼손할 수 있다고 생각한다. 또한 조사결과에서 나이가 많은 남성일수록 이 이슈에 대해 부정적인 태도를 가지고 있으며 나이가 적을수록 긍정적인 시각을 갖고 있음이 드러났다.

음악업계의 인식 역시 바뀌고 있다. 음반사들은 브랜드와의 협업을 아티스트와 그들의 음악을 청중에게 전달할 수 있는 또 하나의 채널로 바라보게 되었다. 음반사 자체 마케팅 예산이 계속 줄어드는 상황에서 브랜드와의 협업은 하늘이 준 기회나 다름없는 것이다.

 호세 곤잘레스와 소니 브라비아

잘만 한다면 음악과 브랜딩은 완벽한 하모니를 이뤄 아티스트와 브랜드 모두에 이익을 가져다 줄 수 있다. 가수 겸 작곡가 호세 곤잘레스의 음악이 삽입된 소비 브라비아 TV광고가 그 좋은 예다. 이 획기적인 TV광고는 25만 개의 고무 컬러볼들이 샌프란시스코의 경사진 도로에서 폭포수처럼 쏟아져 내려오는 장면을 보여준다. 이때 흐르는 배경음악이 호세 곤잘레스가 건조한 어쿠스틱 버전으로 부른 〈Heartbeats〉(더 나이프 작곡)이다. 이 광고는 공전의 히트를 쳤다. 수백만 명의 사람들이 이 광고를 보려고 유튜브에 접속했다. 소니 브라비아는 문화계에 엄청난 반향을 일으켰고, 광고를 제작한 대행사는 수많은 상을 휩쓸었다. 호세 곤잘레스 역시 광고 덕을 톡톡히 봤다. 마케팅 협업을 통해 누린 노출 효과로 영국에서 그의 음반은 플래티넘을 기록하게 되고 국제적인 아티스트로 부상하게 된다. 여기서 '팔린' 것은 그의 영혼이 아니라 음반뿐이었다.

상업주의에 영혼을 팔았다는 비난을 피하려면 밴드와 브랜드는 진정한 파트너가 되어 함께 가야 한다. 이들은 반드시 분명한 공동의 목표를 세우고, 협업을 통해 추구하고자 하는 서로의 목표와 방법에 대한 이해를 공유해야 한다. 그리고 협업의 결과가 반드시 금전적 보상이 아닌, 아티스트나 그룹이 자신들을 마케팅하고 홍보할 수 있는 플랫폼의 형태로 주어질 수 있음을 기억해야 한다.

혼다 시빅Honda Civic 투어를 예로 들어보겠다. 2001년 이래 혼다는 타깃 고객에게 도달하기 위한 노력의 일환으로 블링크 182, 인큐버스, 블랙 아이드 피스, 마룬파이브, 패닉 앳 더 디스코 등의 밴드들과 협업관계를 맺어왔다. 컨셉은 단순했다. 각 밴드는 밴드별 로고, 컬러 배합, 화려한 액세서리로 꾸민 시빅 모델과 함께 혼다 투어를 하는 것이다. 팬들은 자신이 좋아하는 밴드를 볼 수 있을 뿐 아니라 밴드에 맞게 새로 단장한 시빅을 갖는 행운의 주인공이 될 수도 있다. 이 협업은 양측 모두에 윈윈win-win 전략이었다. 혼다는 인기 밴드들을 통해 타깃 고객층에 먹히는 홍보효과를 누렸고 밴드들은 혼다 전국투어를 통해 더 넓고 새로운 청중에게 다가갈 수 있는 기회를 얻을 수 있었다. 마다할 이유가 어디 있는가?

이와 유사한 또 하나의 성공사례는 몬스터 에너지 드링크로 이 음료회사는 유럽 내 30개가 넘는 하드코어 메탈밴드를 지원하고 있다. 몬스터 유럽법인은 브랜드가 필요한 연상효과-몬스터를 마시면 에너지가 넘친다-를 만드는 데 도움이 될 만한 뮤지션들과 계약을 맺었다. 하지만 여기에는 금전적 보상은 따르지 않았다. 대신 몬스터는 밴드들에게 팬카드, 전단지, 콘서트 무대, 홍보, 뮤직비디오 제작까지 지원할 것을 조건으로 제시했다. 이러한 대중적인 접근방법은 여느 기업 스폰서십이었다면 눈살을 찌푸렸을 하드코어 음악 팬들 사이에서 공감을 얻는 데 성공했다. 밴드들은 자신들이 필요한 투어 지원을 받게 됐고 몬스터는 에너지드링크를 들이키며 브랜드 연상효과를 증폭시켜 줄 새로운 팬 군단을 확보할 수 있었다.

브랜드와 아티스트는 항상 비슷한 가치를 공유해야 하며, 궁합이 맞아야 한다. 서로 맞지 않는데 억지로 끼워 맞추는 것은 결국 성공할 수 없다. 타깃 그룹 내에서 올바른 연상효과와 브랜드자산을 구축하기 위해서는 문화적 코드가 맞아야 한다. 아티스트와의 협업을 고려하기 전, 회사가 해당 아티스트의 팬들이 이런 제휴에 대해 어떻게 인식할 것인지 포커스그룹 인터뷰 등을 통해 미리 조사하는 것은 좋은 방법 중 하나다.

회사 브랜드와 비교해 아티스트의 상대적 브랜드 파워 역시 중요한 성공 요소다. 저울 한 쪽에는 아티스트의 브랜드를, 다른 한 쪽에는 회사의 브랜드를 올려 놓았다고 상상해보자. 이 둘 간의 차이가 크면 클수록 어느 한쪽이 피해를 볼 가능성이 더 커진다. 이런 불균형한 관계의 예를 사브^{SAAB}와 당시 무명밴드였던 오 로라^{Oh Laura}와의 제휴에서 살펴볼 수 있다. 사브는 'Release Me'라는 자사 TV광고 캠페인에 이 밴드의 곡을 사용했다. 이 신생밴드는 아직 자신만의 브랜드나 이미지를 구축하지 못한 상태였다. 그것이 문제였다. 물론 사브 광고를 통해 밴드는 대중에 널리 알려졌다. 하지만 초기에 이렇게 알려진 이후, '사브 밴드'라는 꼬리표를 쉽사리 뗄 수가 없었다. 사람들은 오 로라를 그 자체로 독립적인 아티스트로 받아들일 수가 없었던 것이다. 너무 이른 성공이 오히려 해가 된 것이다.

레이디 가가 브랜딩

2010년 1월 폴라로이드Polaroid는 일약 세계적인 팝스타이자 트렌드세터로 등극한 레이디 가가와 전략적 제휴를 위한 다년계약을 체결했음을 발표했다. 그뿐 아니라 폴라로이드는 십대와 젊은 층 사이에서 다시 즉석사진 붐을 일으킬 목적으로 '연예계 퍼스트 레이디First Lady of Glam'라 불리는 레이디 가가를 크리에이티브 디렉터로 영입했다.

물론 폴라로이드는 레이디 가가처럼 변화무쌍한 개성의 소유자와의 제휴가 동반할 수 있는 리스크를 모르지 않았다. 하지만 레이디 가가의 소셜미디어 영향력과 브랜드 파워를 능가할 아티스트가 거의 없다는 사실도 잘 알고 있었다. 330만 명의 트위터 팔로어와 600만 명의 페이스북 팬을 보유한 레이디 가가는 전 세계 잠재 고객들을 깨울 수 있는 마케팅 파워를 갖고 있다. 앨범과 히트 싱글들 외에도, 레이디 가가는 자신의 립스틱 비바글램Viva Glam과 비츠 바이 닥터드레Beats by Dr.Dre의 아티스트 에디션 '하트비츠 바이 레이디가가Heartbeats by Lady Gaga' 마케팅에 참여하고 있다.

다른 많은 브랜드들이 마케팅을 위해 그녀를 찾는 것도 무리는 아니다. 버진모바일Virgin Mobile, 맥 코스메틱스Mac Cosmetics, 알렉산더 맥퀸 등이 이 팝 아이콘과 함께 마케팅 작업을 했다. 뮤직비디오 〈Telephone〉을 보면 이 외에도 레이디 가가가 마케팅하고 있는 상품들을 발견할 수 있다. 그녀를 막을 것은 아무것도 없다.

레이디 가가는 기존의 뮤직 파트너와는 전혀 다른 존재다. 그녀는 용감무쌍한 마케터의 꿈이며 그녀의 모든 행보 하나하나가 화제를 일으킨다. 레이디 가가를 예외로 치더라도 모든 브랜드들은 아티스트나 밴드와의 제휴를 통해 새로운 청중에게 다가가 그들과 관계를 맺을 수 있다. 음악과 아티스트가 이상적인 제휴관계를 맺을 때 타깃 소비자들의 마음에 브랜드에 대한 올바른 연상효과를 창출할 수 있으며 브랜드 자산을 강화할 수 있다.

브랜드가 자신과 궁합이 맞지 않는 아티스트를 추구하는 경우가 종종 있다. 자동차 브랜드 지프Jeep는 유투의 노래 〈Vertigo〉를 광고에 사용하는 대가로 무려 2,500만 달러를 제안한 적이 있다. 하지만 유투는 지프의 제안을 거절하고 훨씬 적은 금액에 애플 아이팟 광고에 그 곡을 넘겼다. 이유는? 지프 브랜드가 자신의 브랜드와 맞지 않는다는 것을 알았기 때문이다.

'셀링 아웃'을 피하기 위한 다섯 가지 고려사항

1. 서로의 목표를 이해하고 공동의 목표를 정한다.
2. 아티스트가 가지고 있는 가치들을 분석해 브랜드의 가치와 잘 부합하는지 따져본다.
3. 회사 브랜드와 밴드 브랜드의 비중을 비교해 리스크를 계산한다.
4. 활성화 단계 이전, 포커스 그룹을 통해 브랜드와 아티스트의 궁합이 잘 맞는지 확인한다.
5. 실생활에서 아티스트와 브랜드가 '친구' 같은 느낌을 주는지 살펴본다.

크리스 브라운과 리글리

언제나 아티스트와의 협업이 실패로 끝날 가능성은 상존한다. 증거물 A: 리글리^{Wrigley} 껌과 R&B가수 크리스 브라운. 1960년 대 이래 리글리는 자사상품 더블민트^{Doublemint} 껌을 'Double your pleasure, double your fun_{즐거움을 두 배로, 재미를 두 배로}'라는 징글과 함께 마케팅 해왔다. 이 전통을 이어서 리글리는 크리스 브라운을 기용해 오리지널 곡에 'Double your pleasure, double your fun'이라는 가사를 삽입해 녹음을 했다. 크리스 브라운은 심지어 뮤직비디오에서 더블민트 껌 한 개를 입에 넣는 장면까지 연출한다.▶ 상당히 노골적이지 않은가?

결과로 탄생한 〈Forever〉라는 곡은 미국에서 크게 히트를 친다. 하지만 리글리는 치명적인 실수를 범하게 된다. 리글리는 기자회견을 열어 자신들이 이 곡과 관련이 있음을 세상에 알렸다. 또한 이미 유명해진 그 노래와 함께 30초짜리 TV·라디오 광고를 내보내기 시작했다. 이런 배경이 알려지자 엄청난 반발이 일었다. 소비자들은 리글리가 광고 메시지를 노래 안에 삽입해 자신들을 기만하려 했다고 느꼈다. 블로그와 기사들을 통해 기만적 광고관행의 윤리성에 대한 언론의 집중포화가 쏟아

▶ www.soundslikebranding.com에서 동영상을 볼 수 있다.

졌다. 설상가상으로 타블로이드 지면에는 크리스 브라운이 여자친구인 R&B 스타 리한나를 폭행한 혐의로 체포됐다는 기사가 실렸다. 리글리는 즉각 크리스 브라운과의 계약을 파기했다. 하지만 상황은 이미 엎질러진 물이었다.

리글리는 신뢰의 중요성을 망각하고 소비자의 지적수준을 과소평가하는 치명적인 실수를 저질렀다. 소비자들은 바보가 아니다. 이들은 회사가 자신들을 속여 물건을 팔아보려는 의도를 단번에 눈치챈다. 리글리가 기자회견을 통해 스스로를 노출시킨 것도 물론 도움이 되지 않았다. 그냥 침묵을 지켰더라면 아마도 캠페인은 성공을 거두었을지도 모른다. 하지만 리글리가 범한 실책으로 인해 소비자는 기만당하고 이용당했다는 느낌을 갖게 되었다. '재미를 두 배로'라는 말이 무색할 지경이었다.

물론 크리스 브라운의 폭행사건은 어느 누구도 예상할 수 없는 것이었다. 이 사례가 마케터들에게 주는 교훈은 아티스트, 밴드, 스포츠 선수, 기타 유명인 등 누구와 일하게 되든지 예기치 못한 리스크를 늘 염두에 두고 대비해야 한다는 것이다.

트랙 27. '뮤직 브랜딩 전략' 설문조사 결과

뮤직 브랜딩 전략 설문조사는 거의 일년에 걸쳐 이뤄진 수많은 통화와 이메일을 통해 완성되었다. 설문조사는 인터브랜드 연간랭킹을 토대로 세계적으로 가장 강력한 브랜드 파워를 보유한 기업들을 선별하여 브랜드 구축에 있어 현재 그리고 미래, 음악의 역할에 관한 의견을 물었다. 다음은 우리가 던진 질문 중 일부를 발췌한 것이다.

- 브랜드 매니저가 음악을 어떤 방식으로 마케팅 활동에 사용하고 있습니까?
- 음악은 브랜드 구축에서 어느 정도의 비중을 차지합니까?
- 뮤직 브랜딩에서 가장 중요한 플랫폼과 툴은 무엇입니까?
- 음악을 마케팅에 사용하는 과정에서 부딪쳤던 어려움은 무엇이었습니까?
- 음악이 향후 브랜딩, 마케팅에서 차지하는 비중을 어떻게 예상하시나요?

브랜드 매니저는 음악을 사랑해

설문을 통해 확인한 확실한 사실은 브랜드는 음악의 힘을 믿고 있다는 것이다. 응답자의 97%가 음악은 강력한 브랜드를 구축하기 위한 중요한 툴이라고 답했다. 설문대상자 10명 중 7명이 이미 자사 마케팅 활동에서 음악을 적극적으로 사용하고 있다고 말했다. 가장 흔한 형태가 음악을 TV광고, 웹사이트 그리고 매장에서 사용하는 것이었다. 브랜드 구축에서 인간의 감각 중 가장 중요하게 고려하는 것을 꼽으라는 질문에 시각이 1위를 차지했고, 청각이 촉각과 나란히 그 뒤를 이었다.

글로벌 비즈니스에서 음악이 이토록 중요한 이유는 무엇인가? 응답자의 절대다수가 음악이 더 강력한 브랜드를 구축하고 경쟁사와의 차별화에 매우 큰 역할을 한다고 답했다. 이들은 음악을 단순한 판촉이나 마케팅 툴이 아닌 브랜딩이라는 큰 그림의 한 부분으로 생각했다.

현재 브랜드들은 음악과 사랑에 빠져 있다. 과연 이 관계가 얼마나 지속될 것인가? 설문에 참여한 브랜드 매니저 중 74%가 음악은 앞으로 마케팅 활동에서 더욱 큰 비중을 차지하게 될 것이라고 응답했다. 다시 말해 이것은 일시적인 유행이 아니라는 것이다. 브랜딩에서 음악은 필수불가결한 요소로 자리 잡았다.

그렇다고 모든 게 다 완벽하다는 것은 아니다. 모든 응답자들이 음악을 필수적인 브랜드 구축 요소로 인식하고는 있으나 실제 음악에 대한 투자를 살펴보면 말과 행동의 차이가 드러난다. 전체 마케팅 예산 중 음악 관련 지출이 5% 미만에 그친다는 응답자가 10명 중 7명이었다. 게다가 이미 뮤직 아이덴티티 또는 관련한 정책을 구축했다고 대답한 비율은 고작 38%에 불과했다. 회사 10개 중 단 2개만이 자사 브랜드의 사운드 로고를 갖고 있었다. 회사들이 음악의 중요성은 잘 인식하고 있으면서도 실제 투자가 이를 따라오지 못하는 까닭은 무엇일까? 왜 수많은 회사들이 브랜딩에 있어 음악의 중요성은 인정하면서도 자원을 투자하지 않는 이유는 무엇일까? 왜 이들은 뮤직 브랜딩 프로그램을 실행하기 위한 가장 기본적인 툴도 갖추고 있지 않은 것일까?

분석과 결론

설문지 응답의 행간을 읽으며 확실해진 사실은 여전히 많은 브랜드 매니저들이 음악을 중요한 전략적 툴로 간주하지 않는다는 것이다. 이들은 음악을 그저 전술적인 마케팅 활동과 묶어서 생각하거나 TV광고, 라디오광고, 매장 배경음악 정도로 여긴다. 많은 회사들이 뮤직 브랜딩에 대해 의식적인 결정과 투자를 하지 못한다. 그렇기에 고객참여와 충성도를 전혀 새로운 차원으로 끌어올릴 수 있는 기회를 놓치고 있는 것이다.

이 책에서 이제까지 살펴본 바, 오늘날 선도적인 글로벌 브랜드들은 음악에 대한 전략적 접근의 중요성을 인정할 뿐 아니라 그것을 실행에 옮기고 있다. 인터브랜드 상위 랭킹 브랜드들인 코카콜라, 나이키, 인텔, 스타벅스는 음악을 브랜드 성공의 핵심요소로 활용해왔다. 규모를 떠나 모든 종류의 브랜드들이 독특하고 효과적인 뮤직 아이덴티티를 구축함으로써 이익을 꾀할 수 있고 소비자들과 더욱 깊은 감성적 차원의 관계를 맺을 수 있다.

이제 진정 필요한 것은 뮤직 브랜딩에 대한 좀 더 전문화된 접근법일 것이다. 왜 뮤직 브랜딩에 대해서는 일반 마케팅 커뮤니케이션에 사용되는 분석과 성과 측정을 적용하지 않는 것인가? 음악에 대한 우리의 주관적인 감정을 일단 제쳐 놓아야 우리는 음악을 이성적으로 바라볼 수 있게 되고 장기적인 투자와 계획을 세울 수 있다. 그제서야 비로소 브랜드의 진정한 변화를 기대할 수 있다.

트랙 28. 성공적인 뮤직 브랜딩의 10가지 요소

이번 리서치와 다년간의 경험을 통해 배운 점이 하나 있다면 그것은 뮤직 브랜딩의 성공은 결코 우연으로 이뤄지지 않는다는 사실이다. 성공을 향한 굳은 결단 외에, 성공적인 뮤직 브랜딩 프로그램을 위한 황금률을 준수하는 것이 필요하다.

1. 측정 가능한 목표를 설정하라
측정할 수 없다면 그 대상의 가치를 평가하기란 어렵다. 뮤직 브랜딩 프로그램을 계획할 때 현실적인 타임테이블과 함께 수량화 할 수 있는 목표들을 정하라.

2. 브랜드 사운드를 정의하라
의도한 것이냐 혹은 바람직한 것이냐와 별개로 당신의 브랜드는 이미 어떤 사운드를 갖고 있을 가능성이 크다. 브랜드의 뮤직 아이덴티티를 정의함으로써 브랜드 경험을 컨트롤하라. 그리고 고객이 존재하는 모든 곳에서 그것을 활성화시키라. 브랜드의 사운드를 아는 것은 브랜드의 시각적 이미지를 아는 것만큼이나 중요하다.

3. 고객을 알라

뮤직 브랜딩 전략을 개발하는 첫 단계는 고객들의 음악 성향과 음악 소비 방식을 철저하게 이해하는 것이다. 이 과정을 통해 당신은 이들을 움직이게 만드는 것이 무엇인가에 대한 뛰어난 통찰을 얻게 될 것이다. 이는 당신이 세운 다른 마케팅 지침에도 적용할 수 있다.

4. 항상 객관성을 유지하라

음악을 다룰 때 '건축가의 안경'을 쓰는 것을 잊지 말라. 개인적인 취향과 견해는 한 편으로 치우고 브랜드를 구축하기 위한 하나의 구성 요소로서 음악을 객관적으로 바라보라. 당신이 좋아하는 밴드를 브랜딩에 쓸 수 없을 수도 있다. 하지만 CEO의 눈에 당신이 록스타로 보이는 것이 더 중요하지 않겠는가?

5. 독점적인 경험을 제공하라

음악은 어디에나 널려있으므로 단순히 브랜드에 음악을 가미하는 것만으로는 부족하다. 고객들이 다른 어느 곳에서도 찾을 수 없는 독점적인 무언가를 제공해야 한다. 한정판 트랙이나 믹스, 아티스트 협업, 체험기회 등은 브랜드와 고객의 관계를 새롭고 더욱 감성적인 차원으로 끌어 올릴 수 있다.

6. 장기투자 하라

레드불, 바카디, 하이네켄 등 뮤직 브랜딩의 성공사례는 하룻밤 새에 이뤄진 것이 아니다. 다년간의 투자와 지속적인 지원이 있었기에 가능한 것이었다. 훌륭한 성과와 타깃 고객의 신뢰를 얻고 싶다면, 음악에 대한 장기적인 투자가 필수다.

7. 고객을 공동제작자로 참여시키라

음악이 가진 사회적인 힘은 고객이 참여할 뿐 아니라 때로는 브랜드 커뮤니케이션을 스스로 만들어 낼 수 있는 기회를 제공해 준다는 점이다. 고객들을 구경꾼이 아닌 공동제작자로 참여시킴으로써 적극적인 참여와 함께 강력한 브랜드의 필수요소인 감성적인 관계를 구축할 수 있다.

8. 과감한 차별화를 시도하라

고객의 관심을 끌기가 갈수록 힘들어진다. 고객이 광고를 피해 갈 수 있는 방법은 수없이 많다. 그러므로 TV 같은 기존 틀에서 벗어나 고객들이 스스로 찾아 나설 수 있는 독특한 무언가를 제공하라. 그러면 기자들은 당신이 내놓은 혁신적인 뮤직 프로그램을 앞다퉈 보도하게 될 것이고, 고객들은 친구들에게 퍼트리게 될 것이다. 이것이 위대한 바이럴 마케팅의 시작이다.

9. 소셜미디어를 공략하라

사람들은 온라인과 소셜네트워크에서 점점 더 많은 시간을 보내고 있다. 이 공간은 음악과 아티스트가 대화와 유대감을 형성하는 촉매제 역할을 하는 곳이다. 올바른 음악전략을 구사한다면 브랜드는 좀 더 적극적이고 진실한 방식으로 그 대화 속에 참여할 수 있을 것이다.

10. 정직하라

물론 당신이 정직하지 않다는 이야기가 아니다. 하지만 브랜드는 소비자를 더 이상 속일 수 없다. 소비자들은 오늘날 수많은 소스를 통해 엄청난 양의 정보를 접하고 있다. 이러한 정보의 투명성으로 인해 브랜드는 물론 사람들 역시 자신의 실수나 비윤리적인 행위를 은폐하기가 더욱 더 힘들어졌다. 사람들이 자신과 동일시하고 다른 이에게 권하는 바로 그 브랜드가 되기 위해서는 높은 윤리적 책임의식을 갖춰야 한다.

도쿄는 점점
사라져가고

스웨덴 사람들이 곤히 잠든 이 시각, 이곳 도쿄는 막 잠에서 깨어 기지개를 켜고 있다. 나는 지금 도쿄 도심 나카메구로를 관통해 흐르는 메구로 강변의 공원 벤치에 앉아 이 글을 쓰고 있다.

나는 혼잡스런 시부야에서 계곡을 따라 내려와 강가에 막 도착했다. 이곳으로 오는 길에 6년 전 나를 음악 여행으로 이끌었던 스시집 한 편의 클럽을 지나쳤다. 내가 수백 명의 일본 젊은이들과 함께 거리에 나와 춤췄던 그 클럽.

그때 이후 많은 것이 변했다. 나는 벤치에 앉아 음악 여행에서 거쳐온 장소들, 그리고 그 길에서 만났던 친구들을 떠올려본다. 하지만 무엇보다도 지난 몇 년 간 음악의 힘에 대해 참으로 많은 것을 이해하고 깨닫게 되었음을 새삼 느낀다. 이제 나는 음악이 단순히 공중을 떠도는 음과 리듬 그 이상의 의미가 있다는 것을 안다. 음악은 인종과 문화, 출신배경을 뛰어넘어 사람들이 소통할 수 있는 감성의 언어다. 당신이 DJ이든 마케팅 전문가이든 상관없이 음악은 듣는 이들의 감정을 나누고 전달하는 툴이 될 수 있다.

잔잔하게 흐르는 강을 바라보며 때로는 완전한 침묵 속의 명상이 얼마나 중요한지 배우게 된다. 정신 없는 미디어 홍수 속에서 고요함을 찾기란 얼마나 어려운지. 불교 사찰에서 나는 마치 음악처럼 명상을 통해서도 자신으로의 여행을 떠날 수 있다는 것을 경험했다. 음악 안에 힘이 있는 것처럼 인간은 침묵 속에서 힘을 발견할 수 있다.

아웃트로

일본 전통 문화에서 자연과 우리를 둘러싼 만물의 소리는 음악으로 간주된다. 그래서 나는 눈을 감고 자연이 부르는 노래를 감상한다. 강물이 흐르는 소리. 멀리서 까마귀가 까악까악 우는 소리. 어느 가정 집에서 들리는 설거지 소리. 도시가 기지개를 켜며 부르는 노래가 들려온다.

뮤직 마케팅을 위한
실무 매뉴얼

여러분이 음악을 구매하는 회사에 근무하건, 혹은 광고 에이전시의 마케팅 담당자로 근무하건 음악이라는 분야에 관해 분명히 알아둬야 할 요소가 있다. 다음 내용은 음악(음원) 구매 시 고려해야 하는 요소를 요약한 내용이다. 가장 일반적인 개념 설명과 실무에 도움이 될 만한 조언만을 선별해서 정리했다.

음원의 소유권

이 책의 초반에 설명했듯, 수많은 권리주장자들과의 음악 사용권 비용에 관한 협상에 따르는 복잡성과 고비용 등을 이유로 많은 기업이 음악과 관련한 사업을 전개하지 못했다. 이제 이와 같은 이유로 여러분이 마케터가 아닌 변호사 영역의 일을 하지 않기 위한 기본 지식에 대해 설명하려 한다. 음악이 부적절하게 사용됐을 경우 걷잡을 수 없는 법적 문제를 예방하기 위한 방책으로 전문적인 음악 파트너들과 함께 협업하고 해당 분야의 기본 개념을 알아두는 것은 매우 중요하다. 음악의 상업적 사용의 이해당사자는 크게 네 가지로 분류해 볼 수 있다.

1. 작곡가

곡(음과 가사 등)을 직접 창작한 개인/다수를 뜻한다. 작곡가(그리고 유통사)의 권리는 스웨덴에 위치한 수금조합 STIM에 의해 관리되고 있으며, 북유럽의 NCB(북유럽 저작권국) 등의 기관 역시 동일한 권한을 갖고 있다. 이는 작곡가가 사용과 관련해 자신의 권리를 STIM에게 이양한 것으로 본다. 여러분이 어떤 음악을 상업적으로 사용하길 원한다면 STIM을 가장 먼저 접촉하면 된다. (국내에서는 한국저작권협회가 관할한다.-옮긴이)

2. 아티스트

작품의 최일선에 있는 사람/다수를 뜻한다. 경우에 따라 아티스트와 작곡가는 동일한 권리를 주장할 수 있다. 일례로 호세 곤잘레스Jose Gonzalez의 〈하트비트〉라는 곡이 소니 브라비아Sony Bravia의 광고에 사용됐는데, 곡의 작곡가가 그룹 더 나이프The Knife의 멤버이자 형제인 카린과 올로프 드레이어Karin and Olof Dreijer였던 것이다. 해당 곡의 상업적 사용을 위해서는 두 당사자의 허락이 필요했다.

3. 음반사

음반사란 녹음된 음악(원판)과 관련한 권리를 소유한 회사를 뜻한다. 원판 사용을 위해서는 권리를 소유 중인 음반사를 직접 거치거나, 다수의 음반사와 협업 중인 국제기관 IFPI와 접촉해야 한다.

4. 유통사

유통사와 작곡가는 음악이 어떻게 사용되고 있는지를 모니터할 관리 의무가 있으며, 더 나아가 새로운 수익모델을 창출하는 역할도 해야 한다(음악이 광고에 사용되는 것이 대표적인 예라고 할 수 있다). 만약 어떤 기업이 홍보 등의 목적으로 작곡가의 음악을 사용하길 원한다면 반드시 유통사의 허락을 받아야 한다(아티스트가 유통사와 협업하는 경우).

두 가지 종류의 음악: 라이선스와 맞춤형

상업적인 목적이라면 라이선스 음악을 선택하라. 라이선스 음악은 사전에 모든 작곡과 녹음을 마친 상태의 곡으로서 음반사와 유통사가 판권을 보유한다. 혹은 아티스트나 제작자들이 활용하기에 용이한 맞춤형 음악을 선택하는 것 또한 하나의 방법이다. 여러분이 현재 진행하려는 프로젝트가 어떤 종류인지에 따라 방향성과 목표를 고려하고 파악한다면 최상의 결과를 얻을 수 있다.

라이선스 음악

일반적으로 음반사, 유통사 혹은 라이선스와 관련한 공식 단체 등에서 허가권을 갖고 있다. 라이선스 음악은 특정 시간대, 특정 구간과 플랫폼/미디어(TV나 인터넷 등)를 대상으로 효능을 발휘하며, 프로젝트의 목적이 특정 타깃 고객층으로부터 인지를 이끌어낼 때 더욱 적합하다. 사용하는 음악의 수가 많아지면 STIM, NCB, IFPI 등과 음악의 라이선스를 설정하는 것이 일반적이다. 이와 관련한 비용은 곡과 아티스트의 인지도에 따라 결정되며, 그들의 소속사와도 관계가 있다.

맞춤형 음악

제작자, 창작자 혹은 유통사와 직접 별도 계약을 체결한다. 이 같은 음악은 모든 커뮤니케이션 플랫폼에 독점적인 라이선스를 갖고 사용될 수 있다. 기업의 브랜드 이미지를 부각해주는 곡이라면 더욱 이상적이다. 사운드 로고나 테마곡이 이와 관련한 예이며 상황에 따라 변화를 주어 좀 더 탄력적으로 곡을 활용할 수 있다. 비용은 곡 제작자의 인지도와 곡이 어디서 어떤 목적의 프로젝트에 사용될 것인지에 따라 달라진다.

비용 산정 기준

일반적으로 가장 처음 듣는 질문 중 하나가 바로 음악 사용 비용에 대한 것이다. 답은 음악이 어떻게 사용되는지, 아티스트와 곡이 얼마나 유명한지, 브랜드 배경이나 프로젝트 본질이 무엇인지 등에 달려있다. 음악 파트너와의 조율은 비용과도 직결되기 때문에 역시 중요하다. 다음 질문 목록은 음반사, 유통사 혹은 제작자들과의 비용적인 부분이 논의되기 전에 고려해야 할 사항이다.

- 어떤 플랫폼에서 사용될 것인가? (광고, 이벤트, 상점, 웹사이트, DVD 등)
- 어떤 형태로 음악이 전달될 것인가? (청취만 가능, 다운로드, 영상과 연동 등)
- 어떤 국가에서 음악이 사용될 것인가? (자국 내에서만 혹은 전 세계 대상?)
- 금전적 보상 이외에 브랜드가 음악 파트너에게 무엇을 제공할 수 있는가?

음악의 플레이 플랫폼 분류

각 플랫폼은 고유한 특성이 있다. 이는 기업이 음악을 사용함에 있어 매우 중요한 고려 사항이다.

1. 홈페이지

음악을 사용함으로써 얻고자 하는 것은 무엇인가? 이목을 집중시켜 방문수를 높이고 충성도를 다지거나, 특정 이미지를 쇄신하는 것? 사용하려는 음악이 단순히 배경음악 정도로 그치는 일은 없어야 한다. 방문자들을 사이트에 조금 더 머물게 하기 위해 인터넷 스트리밍 서비스나 디지털 음악 쥬크박스, 다운로드 음원 제공 등을 고려해볼 수 있다. 스웨덴의 경우, STIM은 웹상에서 음악이 사용되는 것에 대해 특정 조항을 갖고 있다. 스트리밍, 배경음악, 다운로드 등 음악이 떤한 방식으로 제공되느냐에 따라 비용과 종류가 달라진다는 것이다. 이와 관련해 가장 보편적으로 사용되는 형식으로는 MP3, Wav, Aiff 등이 있다.

2. 상점

곡 선별 시에는 음악적인 색깔에 중점을 둬야 한다. 음악은 광고나 영감을 주는 브랜드의 메시지와 함께 전달될 때 가장 효과적이다. 상점 직원들과 종종 회의를 열어 그곳을 방문하는 사람들이 음악을 어떻게 받아들이는지에 대해 논의하라. (스웨덴의 경우) STIM이나 NCB, IFPI 혹은 SAMI(스웨덴 아티스트/뮤지션 협회) 등과 접촉해 상점 내 음악 사용을 조율하는 편이 좋다. 음원 사용에 따른 비용은 재생 방식에 따라 달라진다. 상점 내에서 음악을 전달할 수 있는 방식으로는 CD 재생, 컴퓨터 저장매체, 스트리밍 서비스 활용 등이 있다.

3. 상업적인 사용

음악의 역할은 예술작품을 돋보이게 하고, 인지도를 향상시키며 가사가 전달하는 내용이 광고와 부합하는 것이다. 따라서 브랜드와 캠페인의 이미지에 적합하지 않은 것이 있는지를 확인하는 작업이 무엇보다도 중요하다. 또한 광고진행과 아티스트의 홍보가 동시에 이루어질 수 있는지, 전달 형태가 디지털화되어도 괜찮은지 등의 여부를 권리 소유자와 협의해야 한다.

광고전략서 creative brief 일종의 강령이며, 음악이나 홍보 파트너가 이 같은 양식을 작성해 자신들이 임무를 파악하고 있는지를 보여주며, 이를 통해 관련자들과 소통한다.

라이선싱 licensing 저작권이 있는 작품에 대해 사용권을 취하고자 할 때 사용되는 표현이며, 라이선스를 취득하면 특정 기간 동안 작품을 사용할 수 있는 권한이 생긴다.

마스터 master **(원판)** 곡이나 앨범의 원본을 뜻하며, 과거 테이프에 녹음을 하던 시절 유래된 단어다. 오늘날 음악이 상업적으로 사용되어야 할 때에는 WAV 형식 같은 원본 파일로 대체 배포된다.

뮤직 브랜딩 음악을 사용해 브랜드의 존재를 부각시키는 방법이며, 청중과 더욱 감성적으로 연결될 수 있는 수단이기도 하다.

바이럴 마케팅 viral marketing 메시지, 서비스 혹은 제품의 독특하고 흥미로운 점에 매료된 사람들이 이를 지인들에게 자의로 알리는 과정을 뜻한다.

브랜드 브리핑 brand briefing 기업과 광고사 간의 미팅을 뜻하며, 이 과정에서 음악이 개입된다. 또한 이 미팅을 통해 대상이 되는 청중과 브랜드가 전하려는 이미지를 조율해 나간다.

셀링 아웃selling-out 아티스트가 영리 추구를 위해 자신의 역량을 타협하는 것을 뜻한다.

소닉 브랜딩sonic branding 소리를 활용해 브랜드의 존재를 부각시키는 활동을 뜻한다.

스트리밍streaming 인터넷 상에서 음악이나 비디오를 재생하는 형식으로, 유튜브나 스포티파이Spotify 등이 대표적이다.

싱크로나이제이션synchronization **(동기화의 의미가 아님)** 광고와 함께 청중에게 음악과 영상이 함께 전달될 때 사용되는 표현이며, 이에 따른 비용은 일반적인 사용과는 다르게 적용된다.

아웃소싱outsourcing 기업이 다른 독립체에게 무언가를 위탁하는 것을 뜻한다.

입소문word-of-mouth 기업이나 제품에 대한 정보가 타인에게 퍼져나가는 것을 뜻한다.

커뮤니티 마이스페이스MySpace와 페이스북Facebook처럼 동일 관심사를 가진 개개인으로 이루어진 인터넷 기반 모임

CICorporate Identity 실행목표, 소통과 표현, 이미지 등을 통합해 기업의 정체성과 이미지를 부각하려는 전략. 기업 이미지 통합 전략

참고
문헌

마케팅 관련 서적

Aaker, David A.: Managing brand equity: capitalizing on the value of a Brand Name, Free Press, New York 1991

Anderson, Chris: Long tail, Albert Bonnier Publishing 2007

Davenport, Thomas H. and Beck, John C.: The Attention Economy, Harvard Business School Press 2001

Florida, Richard: The creative class emergence, Daedalus 2006

Gilmore, James HB and Pine, Joseph: Authenticity: What Consumers really want, Harvard Business School Press 2007

Gobe, Marc: Emotional Branding, Allworth Press, New York 2001

Goldin, Seth: Tribes - We need you to lead us, Penguin Books 2008

Holt, Douglas B.: How Brands Become Icons: The Principles of Cultural Branding, Harvard Business School Press 2004

Jensen, Rolf: The Dream Society, McGraw-Hill 2001

Klein, Naomi: No logo, Ordfront 2002

Philip Kotler, Marketing Management, Prentice Hall 2008

Martin Lindstrom, Brand Sense - Build powerful brands through touch, taste smell, sight and sound, Simon & Schuster, 2005

Lindstrom, Martin: Buyology, Arrow Books Ltd. 2009

Locke, C., Levine, R., Searle, D. and Weinberger, D.: The Cluetrain Manifesto, Perseus Books, 2001

Maslow, Abraham Harold: Toward a Psychology of Being, Van Nostrand Co.., New York 1968

Joseph A. Michelli, The Starbucks Experience: 5 Principles for Turning Ordinary Into extraordinary, McGraw-Hill 2007

Moor, Liz: The Rise of Brands, Berg, Oxford & New York 2007

Roberts, Kevin: Lover Marks: The Future Beyond Brands, Powerhouse Books, 2005

Schmitt, Bernd H.: Experiential Marketing, Simon & Schuster, 2000

Schmitt, Bernd H., and Simonson, Alex – Marketing Aesthetics – The Strategic Management of Brands, Identity and Image, Free Press, New York 1997

Schroeder, Jonathan E. and Salzer-Morling, Miriam: Brand Culture, Routledge, Taylor & Francis 2006

Toffler, Alvin: Creating a New Civilization: The Politics of The Third Wave, Turner Publishing, 1995

Underhill, Paco: Why We Buy, Simon & Schuster, 2000

음악 관련 서적

Hallam, Susan, Cross, Ian and Thaut, Michael (eds): Oxford Hand-book of Music Psychology, Oxford University Press 2009

Jackson, Daniel M. Sonic Branding: An Introduction, Palgrave McMillan 2003

Kusek, David, and Leonhard, Gerd: The Future of Music, Berklee Press 2005

Lanza, Joseph Elevator Music: a Surreal History of Muzak, easy-listening, and Other Mood Song, University of Michigan Press 2003

Levitan, Daniel J.: This is Your Brain on Music, Atlantic Books, 2008

Merriam, Alan P.: The Anthropology of Music, Northwestern University Press, 1964

North, Adrian: The Social and Applied Psychology of Music, Oxford University Press 2008

Perris, Arnold: Music as propaganda, Greenwood Press, 1985

Radocy, Rudolph E.: Psychological Foundations of Musical Behavior, Charles C. Thomas 2003

Storr, Anthony: Music and the Mind, Ballantine Books 1992

Thompson, William Forde: Music, Thought, and Feeling: Under-standing the Psychology of Music, Oxford University Press 2008

Treasure, Julian: Sound Business, Management Books 2007

기사

Firat, A. Fuat and Schultz, Clifford J. II: From segmentation to fragmentation − Markets and marketing strategy in the post−modern era, European Journal of Marketing, Vol. 31 No 3/4 1997

Graham, Austin: The Visitor in Your Living Room: Radio Advertising In The 1930s, http://xroads.virginia.edu/~CLASS/am4 85 _98/graham/structure.html

Hallam, Susan: Music Psychology in Education, Bedford Way Papers, Institute of Education, University of London 2006

Maslow, Abraham H.: A theory of human motivation, Psychological Review, Vol. 50 No. 4 1943

North, Adrian and Hargreaves, David: Eminence in Pop Music, Popular Music and Society, Vol. 19 No. 4 1995

North, Adrian and Hargreaves, David: Can music move people? The effects of musical complexity and silence on waiting time, Environment and Behavior, Vol. 31 No. 1 1999

North, Adrian and Hargreaves, David: Lifestyle correlator of musical preference, Psychology of Music, Vol. 35 No. 1 2007

Wells, KA: Music as War Propaganda − Did music help win the first world war, http://parlorsongs.com/issues/2004−4/thismonth/feature.php

보고서/설문결과

Beresford Research, Use of online social networks (2009), http://beresfordresearch. com/_beresfordtest/pdfdocuments/Use%20of%20Online%20Social%20 Networks%20White%20Paper%20%28Beresford%20Research%29.pdf

Entertainment Media Research in 2007, Digital Music Survey, http://www. slideshare.net/patsch/emr−digital−music−survey−2007

Findahl, Olle and Zimic, Sheila: Young Swedes and the Internet 2008; http:// www.wii.se/publicerat/rapporter/doc_details/15−unga−svenskar−och− internet−2008.html

Interbrand − Best Global Brands Report 2009, http://www.interbrand.com/best_ global_brands.aspx

Millward Brown Brandamp Study 2007, http://www.brandamp.co.uk/ bandsandbrands.php

Advertising Avoidance in Sweden in 2008, SIFO Research International, http:// www.tns-sifo.se/media/89146/sifo_reklamundvikande_20081202.pdf

Rentfrow, Peter J. and Gosling, Samuel D.: Message in a ballad? The role of music preferences in interpersonal perception, Psychological Science, vol. 17 No. 32 005

Sounds like Branding – A survey on how global brands work With Music, http:// www.soundslikebranding.com/report.html

The Arbitron Retail Media Study, vol. 1, The Impact of Retail Audio Broadcasting media in grocery and drugstores, http://www.arbitron.com/downloads/ retailmediastudy.pdf

웹페이지 링크

Festivals increases: http://www.svd.se/kulturnoje/musik/artikel_1649775.svd

Measure the effect of advertising: http://www.e24.se/business/reklam-och-media/borsbolagen-daliga-pa-att-mata-reklameffekten_1191371.e24

Michael Jackson, Pepsi made marketing history: http://www.reuters.com/ article/idUSTRE56252Z20090703

Wild animals survived the tsunami: http://www.fof.se/tidning/2005/3/vilda-djur-overlevde-tsunamin

Why a Music Matters strategy to brands: http://www.brandweek.com/bw/content_display/news-andfeatures/promotion/e3i00be01c04141766335335335845245 2452695c60485647?utm_source=feedburer&utm_medium=feed&utm_campaign= Feed%3A+BrandweekNewsAndFeatures+(Brandweek+-+News+and+Features)

Social site users Depend on Their Network: http://www.emarketer.com/Article. aspx?R=1007300

Human evolution and music: http://www.economist.com/opinion/displaystory. cfm?story_id=12795510

Resources on media habits of children: http://www.frankwbaker.com/ mediause.htm

Intel Powers Music: http://88.208.208.4/intelsupergroup/

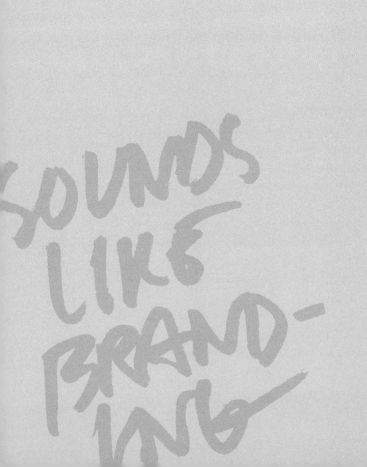

SOUNDS LIKE BRAND-ING

제이콥 루젠스키|Jakob Lusensky

현재 전문 DJ로 활동하며 타고난 음악적 재능을 기업과 공유하는 뮤직 브랜딩 전문회사 하트비츠 인터내셔널의 대표를 역임하고 있다. 앱솔루트보드카, 칼스버그, 유니레버 등과 함께 뮤직브랜딩 프로젝트를 수행해오고 있으며 최고의 뮤직 브랜딩 전문가로서 국제 브랜딩학회, 마케팅학회, 도쿄TED 등에 강사로 초빙되었다.

inmD

국내에 소셜마케팅이라는 개념을 처음으로 소개한 마케팅회사로서, 웹과 소셜네트워크, 모바일을 사랑하는 20~30대 마케터들로 구성돼 있으며, 페이스북, 블로그, 트위터, 유튜브 등에서 국내기업들이 어떻게 마케팅을 해야 하는지에 대한 컨설팅과 수행을 돕고 있다. 옮긴 책으로는 『소셜노믹스』(2009), 『신뢰! 소셜미디어 시대의 성공 키워드』(2010), 『웹 컨텐츠 전략을 말하다』(2010), 『모바일 마케팅』(2011)』, 『소셜미디어 ROI』(2011), 『(개정판) 소셜노믹스』(2011)가 있다.

대표 역자 **장병규 대표**

 평소 한 가지를 지긋이 못하는 성격의 장점을 활용해 '디자인+마케팅' 접점 가능성에 무게를 두고 2007년부터 소셜미디어마케팅 회사를 운영중이다. 국민대 시각디자인학과를 졸업했다.

- www.inmd.co.kr
- www.facebook.com/inmd.inc
- www.twitter.com/hellochang

브랜드들이여, 소비자가 아니라
팬을 만들어줄 음악에 집중하라!!!

어느새 어깨가 들썩이기 시작한다. 여기 저기에서 모두 같은
동작을 하며 흥겨워한다. 때로는 가사를 따라 흥얼흥얼 노래를
부르고 때로는 안무를 함께한다.

　따스한 아침 햇살을 받으며 버스 한 구석에 앉아 밖을 내
다 보다가, 어딘가 라디오에서 흘러나온 가요의 한 소절이 나
를 가슴 뭉클한 내 어린 시절의 한때로 떠나 보낸다.

　'잘 자라 우리아가 앞뜰과 뒷동산에 새들도 아가양도 다들
자~는데 달님은 영창으로 은구슬 금구슬을 내리는 이~한 밤
잘 자라 우리 아가 잘 자~거라.' 이 따스하고 안락한 느낌의 선
율이 주는 안정감과 신뢰감은 어디로부터 오는가?

　사람들에게 같은 감정을 공유하고 기억하고 즐거움을 함
께하게 해주는 이 모든 것들의 공통점은 바로 '음악'이다.

　저자 제이콥 루젠스키가 자신이 하던 일을 잠시 접고 뮤직

브랜딩 전략에 집중하게 만든 말, "우리는 로고[logo]나 그래픽 프로필[graphic profile]을 통해 우리 브랜드가 어떻게 보이는지는 이미 알고 있어요. 하지만 우리 브랜드가 소비자의 귀에 어떤 소리로 들릴 수 있을까요?"라고 물은 한 마케팅 담당자의 고민을 지금 당신도 하고 있다면 이제 그 해답을 찾는 여정을 함께하게 된 것이다.

이 책에서 우리는 브랜딩 관점에서 기업과 뮤지션의 조합이 만들어내는 이미지를 생각해보고, 한 장르의 음악과 브랜드의 관계를 바라보는 관점에 대한 인사이트를 얻게 될 것이다. 소녀시대와 슈퍼주니어, 카라에 열광하는 외국인들에게 이제 대한민국은 더 이상 한국전쟁과 북한의 김정일로 대표되던 그 대한민국의 이미지가 아니다. 우리는 이 책에서 젊고 놀랍고 에너지 넘치는 케이팝의 나라로 대한민국을 변화시킨 음악의 위대한 힘의 원리를 느끼게 될 것이다.

그저 코카콜라의 빨간색과 흘림체의 로고, 술병 모양의 숲, 강, 구두의 광고 이미지로만 대변되던 앱솔루트보드카의 아이덴티티가 가장 강력한 브랜딩 방법이라고 알고 있었다면, 이 책은 음악이라는 장르와 만난 브랜드가 이전에는 평면적으로 형성됐던 고객과 기업의 관계를 얼마나 풍성하게 다차원적인 교류의 장으로 변화시키는지를 알려주게 될 것이다.

이 책 『뮤직 브랜딩 전략』을 통해 여러분은 브랜드와 함께 어깨를 들썩이고 매장에서 친구와 만나 추억을 공유할 수 있는, 브랜드에 대한 믿음이 이성적 접근이 아닌 감성적 신뢰를 통해 이루어지는, 고객을 넘어선 팬을 만나게 될 것이다.

inmD 대표 **장병규**

에이콘출판의 기틀을 마련하신 故 정완재 선생님 (1935–2004)

뮤직 브랜딩 전략

고객을 팬으로 만드는 감성 마케팅

인 쇄 | 2012년 1월 13일
발 행 | 2012년 1월 20일

지 은 이 | 제이콥 루젠스키
옮 긴 이 | inmD

펴 낸 이 | 권 성 준
엮 은 이 | 김 희 정
          황 지 영
표지 디자인 | 한국어판_그린애플
본문 디자인 | 남 은 순

인 쇄 | (주)갑우문화사
용 지 | 페이퍼릿

에이콘출판주식회사
경기도 의왕시 내손동 757-3 에이콘플레이스 (437-081)
전화 02-2653-7600, 팩스 02-2653-0433
www.acornpub.co.kr / editor@acornpub.co.kr

한국어판 ⓒ 에이콘출판주식회사, 2012
ISBN 978-89-6077-267-0
http://www.acornpub.co.kr/book/music-branding

이 도서의 국립중앙도서관 출판시도서목록(CIP)은 e-CIP 홈페이지(http://www.nl.go.kr/cip.php)에서
이용하실 수 있습니다. (CIP제어번호: 2012000147)

책값은 뒤표지에 있습니다.